다시, 민주주의

국민이 주인이고,
민주주의가 미래입니다

김민석

2025. 빛의 혁명의 해.

다시,

다시, 김민석

민주주의

미래출판기획

서문

국민이 주인이고, 민주주의가 미래입니다

역사의 한 페이지를 걸었습니다.

계엄-탄핵-대선으로 이어지는 소용돌이마다 목소리를 냈습니다. 말을 하고 글을 쓰고 광장에 설 때마다 곱씹고 되새겼습니다. 때마다 하늘이 도와 크게 빗나가지는 않았습니다.

막지 못하고 끌려갔더라면 어찌 되었을까? 섬뜩함이 여전합니다. 아내가 여전히 진저리를 치는 이유입니다. 제 한 몸이야 그렇다 치고, 나라는 감당 못 할 나락으로 떨어졌을 겁니다. 하여 이번 대선에 임하는 책임감과 사명감이 비장했습니다.

18년 야인생활을 하며 하늘과 국민이 가장 두렵고, 가장 감사하다는 것을 뼈저리게 새겼습니다. 이번에도 하늘과 국민의 힘이었습니다. 깊이깊이 감사드립니다.

대선을 마치고 국무총리라는 과분한 임무를 부여받았습니다. 집권플랜본부장을 자임했듯, 국민의 명령을 받드는 위기극복본부장이 되어 대통령님의 뜻과 방향을 풀어내는 참모장이 되겠습니다.

역사를 기록한다는 마음으로 총리로 지명받기 한참 전에 기획했던 책입니다. 고비고비의 말과 글, 연설을 모았습니다.

대학 시절부터 지금까지 제 말과 글은 직접 써왔습니다. 결론을 먼저 숙고하고, 개념과 표현을 다듬고 다듬고 또 다듬어 짧디짧은 글로 빚어내는 작업은 제가 가장 많은 공을 들이는 시간이었습니다. 지난 시간을 복기하며 사태의 본질을 되새겨보려는 분들께 다소나마 참고되는 기록이었으면 하는 바람입니다.

한류의 본질은 민주주의이고, 이재명 정부의 궁극적 꿈은 문화국가입니다. 우리 모두의 힘으로 민주주의를 지킨 것이 결국 우리 모두의 미래를 살려낸 것입니다. 청년 시절, 감옥 창살 너머 밤하늘을 보며 민족의 운명이 안타까워 눈물지으며 지키려 했던 민주주의가 오늘 다시 나라의 화두가 되고 저의 생명줄이 되었습니다.

민주주의의 주인, 국민 여러분께 다시 깊이 감사드립니다. 온몸을 던져 삶을 걸고 나라를 살리기 위해 뛰겠습니다.

2025년 7월 1일 국무총리 인준을 앞두고. 김민석

목차

서문   국민이 주인이고, 민주주의가 미래입니다   5

1부
계엄 예고에서 내란 종식까지

1장 | 계엄을 예견하다   14

1. 계엄령 따위는 꿈도 꾸지 마십시오   QR   15
2. 계엄 발동 건의하실 생각 없죠?   17
3. 국민이 반국가 세력?   25
4. 장관! 내가 묻잖아요. 왜 대답을 못 해요?   32
5. 충암파 척결로 군의 명예와 민주주의를 지키겠습니다   48
6. 충암파 비밀회동, 비공개 처리하라는 장관의 지침   50
7. 국정감사 중에 전쟁 사주하는 국힘 의원   59
8. 전쟁 사주의 본질은 신원식의 긍정 답변입니다   69
9. 포악한 이단 무신 정권을 끝내야 합니다   71

2장 | 12·3계엄, 내란사태 73

1. Democracy in Korea at a Crossroad QR 74
2. 중대 범죄자 김용현 76
3. 윤석열 대통령 담화 관련 브리핑 84
4. 내란사태의 신속하고 근본적인 종결을 위한 민주당의 입장 QR 89
5. 우선적 대안은 윤석열 긴급체포입니다 97
6. 정말 윤석열 복귀라는 국민적 악몽을 꿈꿉니까? 100
7. 헌재 구성 방해는 국민이 결코 용납하지 않을 것입니다 101

3장 | 극우준동과 내란비호 102

1. 지금 내란 청소 책임자는 최 대행입니다 103
2. 민심은 내란을 빨리 정리하고 경제를 살려달란 겁니다 104
3. 법원 폭동은 충격입니다 106
4. 국힘은 반드시 극단주의와 절연해야 합니다 108
5. 극우가 점입가경입니다 110
6. 윤석열은 왜 12월 3일을 택일했을까요? 112
7. 명태균 게이트 특검을 반드시 도입해야 합니다 114
8. 즉각 명태균특검법을 공포하기 바랍니다 116
9. 집회사기는 처음 봅니다 118
10. 계엄내란 비호세력에 국민 분노가 터져 나오고 있습니다 119
11. 내란 비호를 넘어 폭력 선동으로 폭주하는 겁니까? 121
12. 윤석열 내란 하청의 역사적 책임은 반드시 묻겠습니다 123
13. 윤석열 복귀작전이 펼쳐지고 있습니다 QR 125

4장 | 탄핵촉구, 헌재가 답할 때   127

1. 윤석열 파면 국힘당 해산   128
2. 야 5당 탄핵 촉구   133
3. 꽝 연설 QR   136
4. 국민의 비판이 헌재로 옮겨가고 있습니다   141
5. 원칙이 흔들리니 신뢰가 흔들립니다   143
6. 헌재의 즉각 결정을 촉구합니다   145
7. 윤석열 복귀와 제2계엄 음모 분쇄   147
8. 전 세계적인 민주주의 걸작을 만들어낼 것입니다 QR   149

2부

윤석열 정권의 몰락과 정권교체

5장 | 윤석열 정권의 예정된 몰락   154

1. 이 정권은 의료를 흔든 최초의 정권   155
2. 주술적 비상식이 루틴인 정권 아닙니까?   157
3. 백약이 무효입니다   159
4. 대통령이 국익의 최고 걸림돌이 되었습니다 QR   161
5. 주술 카르텔 최후가 보입니다   163
6. 윤석열 외교는 국가 손해입니다   165

6장 | 기승전 김건희　　　　　　　　　　　167

1. 김 여사의 공천개입 의혹에 대해 묻겠습니다　　168
2. 김·김·여를 정리하라　　　　　　　　　　　170
3. 김건희, 윤석열, 누가 더 세냐?　　　　　　　172
4. 명태균이 아닌 김건희가 본질이고 몸통입니다　174
5. 김건희 이단왕국을 막아야 합니다　　　　　　177
6. 그 부인 때문에 국민 마음은 지옥입니다　　　179
7. 김건희 농단, 특검만이 답입니다　　　　　　　181
8. 원칙의 칼로 따박따박 상대하겠습니다　　　　183

7장 | 국힘과 보수의 동반 몰락　　　　　　　185

1. 한동훈 대표에게 묻겠습니다　　　　　　　　186
2. 대통령의 해결 의지 확답부터 받아오십시오　　188
3. 윤석열 탄핵론의 본질은 윤한전쟁입니다　　　190
4. 보수의 성찰을 호소합니다　　　　　　　　　192
5. 보수의 양심은 남겨 놓아야 할 것 아닙니까?　194
6. 국민의힘은 길 잃은 내전 상태입니다　　　　　196
7. 국힘은 소멸 사례의 길을 가게 될 것입니다　　198
8. 국민과 함께 윤석열의 늪을 벗어납시다　　　　200

8장 | 내란승계냐 정권교체냐?   201

1. 폭정과 친일 회귀를 제압하고 집권을 준비하라   202
2. 민주당과 이재명 대표가 호남을 발전시킬 것입니다   204
3. 부산은 매번 속고 표 주는 국힘 전당포가 아닙니다   207
4. 트럼프발 변화를 활용해 평화와 경제를 살리겠습니다   209
5. K먹사니즘이 주술 검사 통치를 누를 것입니다   211
6. 무너진 성장과 민주주의를 반드시 회복하겠습니다   213
7. 정권교체가 설 민심 최대 요구고 민주당의 절대 과제입니다 QR   215
8. 민주당의 가치는 일관되게 건전한 합리적 보수를 포괄해 왔습니다   219
9. 정권교체만이 답입니다   221
10. 국민이 내란승계 정부를 원하겠습니까?   223
11. 한덕수 대행은 들러리용 윤석열 아바타로는 딱입니다   224
12. 임시 대행의 대권 노욕, 방탄 속셈 통할 줄 아십니까?   226

9장 | 진짜 대한민국   228

1. 이재명 리더십 QR   229
2. 이재명 선거의 컨셉은 경청 선거입니다 QR   233
3. 진짜 대한민국 우리가 만들어냅시다   234
4. 백만인 서명운동 제안   236
5. 문화적 품격이 있는 정당으로 가자   238
6. 지금은 이재명입니다! QR   240
7. 위기극복의 충직한 참모장이 되겠습니다 QR   247

1부

계엄 예고에서
내란 종식까지

1장

계엄을
예견하다

1 계엄령 따위는 꿈도 꾸지 마십시오

윤석열 대통령에게 묻습니다.
반국가 세력은 어디에 있는 누구입니까? 왜 안 잡습니까? 무능입니까? 뻥입니까? 북한이 개전 초에 이용한다니, 국지전이나 전면전이 임박했습니까?

저는 박근혜 탄핵 국면에서 계엄령 준비설의 정보를 입수하여, 추미애 당시 대표에게 제보했던 사람 중 한 명입니다. 박근혜 정권이 강력히 부인했지만, 결국 사실로 드러났습니다. 지난 총선 때는 국정원 공작 준비를 미리 경고했고, 이번에는 국군정보사 기밀 유출을 밝혀냈습니다. 집권 경험이 있는 수권 정당, 민주당의 정보력을 무시하지 마십시오.

차지철 스타일의 야당 입막음 국방부 장관으로의 갑작스러운 교체와 대통령의 뜬금없는 반국가 세력 발언으로 이어지는 최근 정권 흐름의 핵심은, 국지전과 북풍 조성을 염두에 둔 계엄령 준비 작전이라는 것이 저의 근거 있는 확신입니다.

뉴라이트(New Right)라는 영어 이름으로 포장한 친일 매국 병자들을 옹호하는 윤석열 정권이야말로 반국가 세력 아닙니까? 독립기념관장이 일제 강점의 불법성을 부정하고, 군이 독도를 지도에서 지우는 것이야말로 최고의 반헌법·반국가 행위입니다.

탄핵 국면에 대비한 계엄령 빌드업 불장난을 포기하기 바랍니다. 계엄령 준비 시도를 반드시 무산시키겠습니다. 유신독재와 부마항쟁, 5·18을 딛고 일어난 21세기 세계 최고의 민주국가 대한민국에서, 조잡하게 계엄령 따위는 꿈도 꾸지 마십시오.

국가와 민생보다 정권과 대통령 가족의 안위를 먼저 생각하면 경제가 더 어려워지고 시장만 불안해집니다. 지금은 정권 보위 계엄이 아니라, 민생 회복 경제 긴급 조치를 고민해도 모자랄 시점입니다.

정신 차리십시오.

최고위원회의(24. 08. 21)

2 계엄 발동 건의하실 생각 없죠?

김민석 위원: 후보자, 장관 되신 다음에 계엄 발동 건의할 생각은 없으시지요?
그냥 '예, 아니요'만 해 주세요.

국방부 장관 후보자 김용현: 없습니다.

김민석 위원: 오케이. 어제 이재명 대표가 계엄 얘기한 것에 대해서 대통령실에서 '말도 안 되는 거짓 정치공세다', 이것도 당연히 동의하시겠지요?

국방부 장관 후보자 김용현: 예.

김민석 위원: 그렇게 얘기한 이유는 윤석열 정부는 계엄을 안 할 거다, 해도 국회에서 바로 해제가 될 거다, 그겁니다. 제가 얼마 전에 이렇게 얘기했습니다. '김용현 후보자를 국방부 장관에 갑자기 임명하려는 것과 대통령의 반국가 세력 발언은 김건희 여사의 감옥행을 막기 위한 계엄 준비

작전이다', 이것도 말이 안 되는 정치공세라고 생각하시는 게 당연하겠지요?

국방부 장관 후보자 김용현: 동의하지 않습니다.

김민석 위원: 오늘 그 얘기를 좀 해 보겠습니다. 대통령께서 후보자한테 '장관으로 가서 계엄 준비해라' 이렇게 말씀하신 적도 당연히 없으시지요?

국방부 장관 후보자 김용현: 예.

김민석 위원: 설령 계엄을 해야 할 상황이 온다고 해도 국회가 과반수 의결로 요구하면 바로 해제될 것이기 때문에, 후보자도 사실상 '계엄은 현재 불가능하다', 그것이 대통령실과 정부 여당 관계자들의 주장이기 때문에 그렇게 말씀하시겠지요?

국방부 장관 후보자 김용현: 생각해 본 적 없습니다.

김민석 위원: 아니, 생각해 보신 적이 없는 것이 아니라 '계엄이 불가능하다'라고 주장을 하고 있지 않습니까?

국방부 장관 후보자 김용현: 예.

김민석 위원: 헌법 제77조에 보면 국회가 재적 의원 과반수 찬성으로 계엄 해제를 요구하면 대통령은 이를 해제하여야 한다, 대통령실이 이 조항을 정확하게 지적한 겁니다. 맞지요?

국방부 장관 후보자 김용현: 예.

김민석 위원: 국회의원에게는 불체포 특권이 있기 때문에 계엄이 발동돼도 국회의원들이 국회에 모여서 해제를 요구하면 계엄은 해제됩니다. 이것이 100% 진실이면 대통령실 얘기가 맞고요, 이재명 대표의 얘기는 거짓 정치공세고 괴담이 됩니다.

그런데 계엄법 제13조에 보면…
여기 PPT를 제가 중간중간에, 제가 이건 띄우라고 안 했군요.
계엄법 제13조의 국회의원 불체포 특권을 보면 '계엄 시행 중 국회의원은 현행범인 경우를 제외하고는 체포 또는 구금되지 아니한다' 이렇게 돼 있습니다. 그 얘기는 뭐냐 하면, 국회의원들이 계엄법상 현행범으로 체포 또는 구금돼서 계엄 해제 의결을 과반수로 만들 만큼 참여하지 못한다면 지금까지의 이야기는 다 바뀌게 되는 것입니다. 이런 상황이 실제로 생긴다면 거꾸로 이재명 대표의 이야기는 진실이 되고, 대통령실의 이야기는 거짓이 될 수도 있겠지요.

(영상자료를 보며)

현행범의 정의는 뭘까요? 형사소송법상에 현행범 정의가 있습니다. '범죄를 실행하고 있거나 실행하고 난 직후의 사람'을 현행범이라고 합니다. 그중에 1. 범인으로 불리며 추적되고 있을 때, 4. 누구냐고 묻자 도망가려고 할 때. 형사소송법상 현행범의 정의입니다. 후보자께서 혹시 이것 말고 대한민국에서 현행범의 다른 정의를 알고 계신 거 없지요?

국방부 장관 후보자 김용현: 예, 처음 봤습니다.

김민석 위원: 현행범은 범죄의 내용이 규정이 안 돼서 대단히 폭넓게 적용 가능한 개념입니다. 가령 누가 '김건희 여사가 감옥에 안 가려고 계엄을 하자 그랬다더라' 이렇게 하면 유언비어를 유포한 현행범이 되는 겁니다.

그다음 PPT 한번 볼까요?
지금 저기 있는 대비계획이라는 것은 소위 얘기하는 박근혜 정부의 계엄 문건인 대비계획 세부 자료입니다. 이 중에 13 자료가 떠 있을 겁니다. 2017년에 만들어진 박근혜 정부 계엄 문건, 정확한 명칭인 대비계획 세부 자료 13은 여소야대가, 국회가 계엄 해제를 시도할 경우에 대비한 조항입니다. 그중의 맨 마지막을 보시면 '집회·시위와 반정부 정치활동을 금지하는 포고령을 선포하고, 위반 시 구속 수사 등 엄중 처리 관련 경고문 발표해서, 합수단은 불법 시위에 참석하거나 반정부 정치 활동한 의원을 집중 검거 후, 사법 처리해서 의결 정족수 미달을 유도한다' 이렇게 적시

돼 있습니다.
후보자께서는 2017년에 이 계엄 문건 작성에 관여하신 적이 당연히 없겠지요?

국방부 장관 후보자 김용현: 예, 그렇습니다.

김민석 위원: 이 문건 작성 사실은 2017년에 아셨습니까?

국방부 장관 후보자 김용현: 몰랐습니다.

김민석 위원: 모르셨겠지요, 당연히.
2017년 당시 후보자는 계급과 직책이 합참 작전본부장이었던 것 같은데 맞습니까?

국방부 장관 후보자 김용현: 맞습니다.

김민석 위원: 2017년에 이 문건이 작성된 건 팩트인데, 합참 작전본부장이면 꽤 고위직인 후보자도 몰랐다는 겁니다. 즉, 이 정도의 문건 작성은 극소수 외에는 군 고위 장성들조차도 몰랐던 게 당연하겠지요. 만약 후보자가 이 시점에 이것을 아셨다면 되게 황당하다고 하고, 반대, 이상하게 생각하셨겠지요?

국방부 장관 후보자 김용현: 예, 그렇습니다.

김민석 위원: 그렇겠지요. 만일 지금 이 시점에서 권력 어디선가 계엄 논의가 있어도 정부 여당과 군 관계자 대부분이 모르는 것이 2017년 후보자의 경우를 비추어 봐도 당연히 정상이겠지요. 그렇겠지요? 이 계엄 문건에 대해서 정부 여당 관계자들은 문재인 정부에서 요란하게 조사했지만 무죄가 났다, 이렇게 이야기합니다. 실제 내용을 보겠습니다.

PPT 한번 띄워주세요.
추미애 전 대표가 민주당에서 계엄 음모를 제기했을 때, 정부 여당이 지금처럼 아주 똑같이 펄쩍 뛰면서 부인했습니다. 결국 2017년 계엄 문건 작성은 사실이었습니다. 제가 당시 추미애 대표에게 제보했던 사람 중 한 사람입니다. 정부 여당이나 관계자들의 주장처럼 조현천 당시 기무사령관의 내란예비·음모 혐의는 검찰에서 무혐의가 되었습니다. 왜? 문건은 작성되었지만 문건 작성만으로 실질적 내란 위험에 이른 것은 아니다, 이런 이유입니다. 그러나 조현천의 계엄 문건 작성 직권남용은 현재 1심 재판 중이고, 문건을 작성하고 은폐한 기우진과 소강원, 당시 기무사 5처장과 610부대장은 2심에서 유죄를 받았습니다. 그건 아시나요?

국방부 장관 후보자 김용현: ……

김민석 위원: 모르시나요?

국방부 장관 후보자 김용현: 예, 제가 관심을 못 가졌습니다.

김민석 위원: 이렇게 중요한 것, 군에서 쿠데타, 계엄 음모가 있었던 건데 이거 모르시나요? 이런 거 다 모르나요?

국방부 장관 후보자 김용현: ……

김민석 위원: 이렇게 중요한 논의가 됐는데 몰라요?

국방부 장관 후보자 김용현: 그렇게 별로 이런 부분에 관심이 없었습니다.

김민석 위원: 넘어가겠습니다.

그다음 PPT로 넘어가겠습니다. 띄워주세요.
국가 비상사태가 발생하면 국방부는 계엄 선포 요건을 검토해서 대통령에게 건의하고, 국가안보회의와 국무회의 심의를 거쳐 선포합니다. 즉, 계엄 선포 검토도, 건의도 국방부 장관이 하게 되어 있지요. 이건 아시지요?

국방부 장관 후보자 김용현: 예.

김민석 위원: 그다음 PPT.
헌법 77조와 계엄법 9조에 따르면 비상계엄 선포 시 체포·구금·압수·수

색·거주·이전·언론·출판·집회·결사에 대해서 국민의 기본권 제한이 가능합니다. 국방부 장관이 검토하고 건의하는 계엄의 중대한 권한입니다. 장관 되실 거니까 이건 아시겠지요?

국방부 장관 후보자 김용현: 예.

김민석 위원: 그다음 PPT 보여주시지요.
박근혜 계엄 문건에 의하면 비상계엄 당시에 사이버 유언비어 차단을 위해서 방통위가 주관하는 유언비어 대응반을 운영하고, 시위·선동 등 포고령 위반자가 가입한 포털 사이트·SNS 계정 폐쇄 및 검거, 사법 처리한다는 단계적 조치 사항이 나와 있습니다.
(발언시간 초과로 마이크 중단)

(마이크 중단 이후 계속 발언한 부분)
이것도 모르시나요?

국방부 장관 후보자 김용현: 예, 제가 기억이 없습니다.

김민석 위원: 기억이 없을 수가 없지요, 모르시는데. 기억할 필요가 없어요, 모르시니까. 여기까지 하고 오늘 계속 찬찬히 묻겠습니다.

국방위원회 인사청문회 1차 질의(24. 09. 02)

3 국민이 반국가 세력?

김민석 위원: 후보자, 기억을 좀 환기시킬게요. 오전에 했던 얘기 정리합시다.

국방부 장관 후보자 김용현: 예.

김민석 위원: 국회의원은 계엄법상 현행범 규정을 포괄적으로 해서, 현행범에 대해서는 후보는 잘 몰랐고요. 광범위하게 체포와 구금이 가능하다 이 얘기를 했고요. 그렇기 때문에 계엄은 국회의원의 과반수가 해제 의결하면 바로 해제되기 때문에 계엄을 한다, 여소야대에서는 계엄이 불가능하다, 이런 주장은 가짜 뉴스라는 것도 확인됐고요.

실제로 국회의원을 체포해서 의결을 무력화하려는 조치 계획이 2017년 박근혜 문건에 존재했다는 것도 확인했고요. 그것이 그때 극소수만, 합참 작전본부장이던 후보조차도 모르는 사실이었다는, 비밀이었다는 것도 우리가 확인했고요. 2017년 박근혜 문건이 모두 무죄가 났다라는 것은 가짜 뉴스라는 것도 확인했습니다. 왜냐하면 작성 지시에 대한 직권남용은 재판 중이고 은폐는 유죄가 났다는 것도 확인했고요.

그리고 후보자께서 그 계엄의 권한에 대해서 얼마나 막강한지 잘 몰랐지만 '국민의 기본권과 SNS를 전면 통제할 수 있을 만큼 막강하다' 하는 것도 확인을 했습니다. 그래서 지금은 뭘 확인하려고 하냐면 계엄에 대한 검토와 건의를 할 수 있는 국방부 장관, 그리고 계엄사령관을 통제할 수 있는 국방부 장관 또는 대통령이 정상적 판단을 갖는 것이 얼마나 중요한가 하는 것을 확인하겠습니다. 대통령과 그다음 후보자의 정상적 판단에 대해서 좀 물을게요.

군 통수권자인 윤석열 대통령의 민주적 소양, 법률가적 지성, 정상적 판단력을 신뢰하시지요?

국방부 장관 후보자 김용현: 그렇습니다.

김민석 위원: 그러시겠지요. 그나저나 국방부 장관은, 국방부 장관이 된다면 우리나라 안에 있는 반국가 세력을 척결하는 것이 의무겠지요? 척결하실 거예요, 안 하실 거예요?

국방부 장관 후보자 김용현: 반국가 세력, 그렇습니다.

김민석 위원: 척결하실 거지요?

국방부 장관 후보자 김용현: 예, 제가 처음에……

김민석 위원: 아니, 그러니까 알겠어요.

국방부 장관 후보자 김용현: 예.

김민석 위원: 그런데 반국가 세력이 뭔지는 아세요?

국방부 장관 후보자 김용현: 반국가 세력은 간첩 또는 종북 주사파, 자유 대한민국은 태어나서는 안 되는 나라라고 얘기하면서 우리 자유 대한민국을 부정하는 세력, 이런 것들을 총칭하는 거라고 생각합니다.

김민석 위원: 그것뿐이에요?

국방부 장관 후보자 김용현: 예.

김민석 위원: PPT 좀 보여주세요.
(영상자료를 보며)
윤석열 대통령이 공식적으로 반국가 세력을 여덟 번의 공식 행사에서 언급했습니다.
이 얘기는 조금 이따 하고.
그런데 대한민국에 반국가 세력을 규정한 법률이 있는 것은 혹시 알고 계십니까?

국방부 장관 후보자 김용현: 저는 처음 듣습니다.

김민석 위원: 모르시지요?

국방부 장관 후보자 김용현: 예.

김민석 위원: 없으니까 그렇습니다. 없습니다, 그 세력 규정한 것이. 그러면 반국가 세력은 법률 용어가 아니라는 것은 분명하지요?

국방부 장관 후보자 김용현: 예.

김민석 위원: 법률 용어가 아니면 결국은 대통령 또는 규정한 사람의 주관적 판단, 이건 좋게 얘기한 거고 솔직히 얘기하면 자의에 의해서 내용과 규정, 대상이 달라질 수 있는 정치적 용어이자 자의적 용어지요. 반국가라는 용어를 쓴 유일한 법적 규정에는 반국가 단체가 있습니다. 북한이 법률적으로 반국가 단체의 성격이 있는 건 알고 계시지요?

국방부 장관 후보자 김용현: 예.

김민석 위원: 반국가 단체의 구성원은 수괴·간부 사형·무기징역, 아주 단

순한 구성원도 2년 이상의 징역입니다. 당연하지요. 저 표를 보시고 제가 정리해 드릴게요.

첫째, 대통령이 공식 선상에서 여덟 차례 언급한 반국가 세력은 명확히 개념과 대상이 규정된 법률적 용어가 아닙니다.
둘째, 그리고 반국가 단체인 북한이나 공산 세력 외에 또 규정돼 있기 때문에 공산 세력 및 추종 세력과도 다른 어떤 세력입니다. 교집합이 아니에요.
셋째, 내용상 대통령이 얘기한 걸 다 종합해 보면 허위 선동과 조작, 가짜 뉴스와 괴담으로 자유 대한민국을 흔들고 위협하는 세력, 왜곡된 역사의식을 가진 세력, 종전선언을 노래 부르고 다니는 세력, 반일 감정을 선동하는 세력, 그리고 북한은 개전 초기부터 이런 세력을 활용할 것이다.

대통령을 신뢰하시니까 반국가 세력에 대한 대통령의 인식을, 언급을 들었고 알고 계시고 공감하고 동의하시겠지요?

국방부 장관 후보자 김용현: 예.

김민석 위원: 동의를 당연히 하실 거 아니에요? 그러면 이런 반국가 세력이 개전 초기에 움직일 수 있기 때문에 이것을 척결하는 게 국방부 장관의 임무겠지요? 반국가 세력에 대해서 후보자가 참석하거나 배석한 회의에서 대통령과 함께, 대통령이 보고를 받거나 하는 걸 본 적이나 또는 토

의한 적이 있습니까?

국방부 장관 후보자 김용현: 없습니다.

김민석 위원: 오케이.
그러면 대통령은 이런 중요한 사항을 회의나 법적 규정 없이 얘기한 거네요. 30초 동안 제가 나머지 이야기할게요.

종전선언을 얘기했던 문재인, 일본의 밀정이 대통령실에 있다고 왜곡된 역사 인식을 피력한 이종찬, 이 정권이 독도 지우기를 하고 있다고 가짜 뉴스를 유포한 야당, 후쿠시마 오염수나 김건희 명품백 등에 대해서 유언비어를 퍼트린 일반 국민, 이 규정에 의하면 모두 반국가 세력에 들어갈 수가 있을 것 같은데 이런 반국가 세력이 설치면 계엄을 해서라도 때려잡는 것이 맞지 않습니까?

국방부 장관 후보자 김용현: 그렇지 않습니다.

김민석 위원: 안 때려잡으실 거예요? 직무 유기 아니에요?

국방부 장관 후보자 김용현: 그렇지 않습니다.

김민석 위원: 반국가 세력 척결 안 할 거예요?

국방부 장관 후보자 김용현: 이게 반국가 세력인지 아닌지는 판단을 해봐야 될 것 같습니다.

김민석 위원: 오케이.
그다음 질의할게요.

국방위원회 인사청문회 2차 질의(24. 09. 02)

4 장관! 내가 묻잖아요. 왜 대답을 못 해요?

김민석 위원: 장관, 지난번에 국무회의에 참석하시느라고 이 회의에 못 오셨지 않습니까?

국방부 장관 신원식: 예, 거기하고 안보회의가 있어서 안보실장 대리하느라고 못 왔습니다.

김민석 위원: 회의가 개최됐던 시간이 국무회의하고 같은 시간이어서 그것 때문에 못 오신 것으로 압니다. 그렇지요?

국방부 장관 신원식: 예.

김민석 위원: 국무회의에 참석하느라고 여기 못 오셨을 때는 안보실장 자격으로 가셨습니까, 장관 자격으로 가셨습니까?

국방부 장관 신원식: 둘 다 겸직을 하고 있었으니까……

김민석 위원: 그런데 어떤 자격으로 가셨냐고 묻는 겁니다.

국방부 장관 신원식: 병행해서 두 역할을 다 했다고 생각하시면 되겠습니다. 대통령께서 주관하는 국무회의는 대통령실 수석 이상이 참석하게 돼 있습니다. 그래서 그렇게……

김민석 위원: 그날 안보 관련 현안이 있었습니까?

국방부 장관 신원식: 국방 관련해서 제가 발제하는 게 있었고요.

김민석 위원: 법안 2개가 있었던 것으로 보고를 받았습니다.

국방부 장관 신원식: 예. 그리고 대통령께서 바로 이어서 안보실과 관련된 회의를 하신다고 이미 공지가 돼서 제가 그래서……

김민석 위원: 아니, 잠깐만요.

국방부 장관 신원식: 오전에는 양해를 구했고 오후에 운영위는 참석했습니다.

김민석 위원: 잠깐만요. 국무회의 말씀을 드렸지 않습니까?

국방부 장관 신원식: 국무회의에 이어서 안보회의를 했다고 말씀드렸습니다.

김민석 위원: 아니, 그러니까 안보회의는 몇 시에 하셨지요?

국방부 장관 신원식: 국무회의 끝나고 11시 한 이삼십 분에 해서 한 12시 몇십 분까지 한 것 같습니다.

김민석 위원: 국무회의를 할 때 안보 현안은 없었고 국무회의에서 법안 외에 혹시 다른 부처 법안 제기됐을 때 토론하신 것 있는가요?

국방부 장관 신원식: 예, 토론했습니다.

김민석 위원: 아니, 장관께서 다른 부처 법안……

국방부 장관 신원식: 저는 발언한 건 없었는데 제가……

김민석 위원: 발언한 건 없고? 됐습니다.

국방부 장관 신원식: 아시겠지만 국무회의는 안보 현안을 다루지 않습니다.

김민석 위원: 아니, 됐습니다. 됐어요.
국무회의에서는 안보 현안을 다루지 않지요?

국방부 장관 신원식: 예.

김민석 위원: 그래요. 아니, 안 계실 때 차관이 중요한 안보 현안이 있었고 다른 부처에서 하는 법안 토론을 하셔야 된다고 그렇게 설명을 하셨었습니다, 안 계실 때.

국방부 장관 신원식: 토론하게는 돼 있는데 제가 토론 발언을 안 했습니다.

김민석 위원: 그 계획에 없는 거였고 다른 때는 토론하십니까?

국방부 장관 신원식: 예?

김민석 위원: 다른 때는 토론하시나요?

국방부 장관 신원식: 예, 토론할 때도 있고 제가 국방 현안, 국방부 장관 때 설명도 하고 합니다.

김민석 위원: 다른 부서 법안 할 때 장관으로 계신 때 토론한 적이 있으

신가요?

국방부 장관 신원식: 예, 왜냐하면……

김민석 위원: 됐습니다.

국방부 장관 신원식: 제가 발제하는 게 있고 관련 안건이 있어서……

김민석 위원: 제가 확인하고 싶은 것을 확인하면 되니까.

국방부 장관 신원식: 예.

김민석 위원: 그날은 어쨌든 다른 부처 법안 토론에 발언하신 것은 없는데 차관 이하 직원들이 그렇게 어쨌든 보고를 했습니다. 앞으로 옮겨 가시니까 상관없겠지만 어떤 현안이 있거나 상황이 있을 때 아래 직원들이 맞지 않는 보고를 불가피하게 해야 되는 상황을 안 만드셨으면 좋겠다 생각이 듭니다.
두 번째로 박선원 위원이 질의했던, 경호처장이 관련한 사령관들을 모았던 날짜가 있지 않습니까?

국방부 장관 신원식: 다시 한번 말씀해 주십시오.

김민석 위원: 아니, 박선원 위원이 질의했던 사령관들 모인 것, 장관께서는 수시로 그런 것이 있었기 때문에 구두로 허락했다고 말씀하셨고 또 과거 경호처 경험이 있는 다른 분들은 그런 게 1년에 한두 번 있었는지 모르겠다 이렇게 말씀하셨는데 최근 승인하셨던 날짜가 언제지요? 내용 묻지 않겠습니다, 날짜.

국방부 장관 신원식: 아니, 최근은 제가 기억이 없습니다. 최근이라는 게 언제까지지요?

김민석 위원: 그 최근은 제가 모르지요. 본인께서 승인하신 최근이 언제냐고 제가 묻는데 저한테 물으실 일은 아니지요.

국방부 장관 신원식: 그러니까 최근이라는 날짜가……

김민석 위원: 아니, 대한민국 국방부 장관이……

국방부 장관 신원식: 아니, 위원님이 생각하시는 최근이라는 게……

김민석 위원: 저는 생각하지 않습니다, 팩트만 물을 뿐이지. 본인이 승인하신 최근 날짜가 언제냐고 묻습니다.

국방부 장관 신원식: 그것은 일일이 제가 확인을……

김민석 위원: 아니, 일일이가 아니라 몇 월이지요? 기억이 안 나는가요? 국방부 장관은 주로 최근 기억은 안 나십니까?

국방부 장관 신원식: 작년 연말인가 하여튼 기억이 정확하게는 안 납니다. 제가 왜냐하면……

김민석 위원: 최근이니까 기억이 안 나는가요?

국방부 장관 신원식: 아니, 최근……

김민석 위원: 아니면 멀어서 기억이 안 나나요?

국방부 장관 신원식: 그럴 수도 있고 그런데 그게 뭐……

김민석 위원: 하여간 최근인데 승인했다고 했는데 기억은 안 난다? 됐습니다.
김용현 후보자가 계엄에 대해 "소위 말도 안 된다. 또 나도 따르지 않겠다" 이렇게 얘기했지요?

국방부 장관 신원식: 예.

김민석 위원: 들으셨지요?

국방부 장관 신원식: 예.

김민석 위원: 장관도 그렇게 말씀하셨고, 조금 전에?

국방부 장관 신원식: 예, 당연합니다.

김민석 위원: 12·12, 5·18이 다 계엄이었는데 당시 우리 군에서 항명한 분이 계십니까?

국방부 장관 신원식: 위원님.

김민석 위원: 됐습니다. 그다음 질문 넘어가겠습니다.

국방부 장관 신원식: 아니, 12·12는 사십 몇 년 전의 일인데······

김민석 위원: 그렇지요? 잠깐만요. 김용현 후보자가······

국방부 장관 신원식: 그때는 육사생도였습니다, 제가.

김민석 위원: 잠깐만요. 제가 질문하고 있잖아요.
김용현 후보자가 군과 국민의 동의 없이 계엄이 있을 수 없다 이렇게 얘기하셨는데 12·12, 5·18 때는 군과 국민의 동의가 있었습니까? 군과······

잠깐만, 답하지 마세요. 잠깐 내가 하나 더 물어볼 테니까. 군과 국민의 동의가 있었던 계엄이 있었습니까? 하나 더, 1980년대는 계엄이 있을 만큼 우리나라가 후진국이었습니까?

국방부 장관 신원식: 45년 전의 국내하고 지금과 비교하지 마세요.

김민석 위원: 45년 전에는 계엄을 하고 쿠데타를 할 만큼 우리가……

국방부 장관 신원식: 대답하지 않겠습니다. 대답할 가치가 없습니다.

김민석 위원: 가치가 없어요?

국방부 장관 신원식: 예.

김민석 위원: 항명한 사람이 있어요?

국방부 장관 신원식: 역사책 보십시오.

김민석 위원: 역사책을 제가 왜…… 묻잖아요, 있냐고.

국방부 장관 신원식: 도대체 계엄 문제를 이렇게 억지로 해 가지고 황당무계하게 그만하시지요.

김민석 위원: 아니, 제가 계엄 묻고 있는 것 아니잖아요. 장관!

국방부 장관 신원식: 위원님.

김민석 위원: 장관!

국방부 장관 신원식: 위원님!

김민석 위원: 장관!

국방부 장관 신원식: 위원님!

김민석 위원: 장관! 내가 묻잖아요. 최근에 모인 날짜가 언제 승인했냐고, 왜 대답을 못 해요?

국방부 장관 신원식: 더 이상 대답하지 않겠습니다. 아니, 도대체……

김민석 위원: 대답하지 않는 게 아니라 못 하는 것 아닙니까?

국방부 장관 신원식: 그것은 혼자 생각하시고요. 왜 억지로 계엄을 끌어 내세요?

김민석 위원: 국방부 장관, 하나 더 물어볼게요.

국방부 장관 신원식: 제가 내일이면 이·취임식을 합니다.

김민석 위원: 좋아요. 자, 그러면 있어 봐요. 잠깐 있어 봐요.

국방부 장관 신원식: 4년 반 동안 국방위였는데 이렇게 대접을 하고 그러셔야겠습니까?

김민석 위원: 그 정도 사안은 그냥 구두로 승인해도 된다고 말씀하셨지요? 그래서 구두로 승인한 거지요? 그러면 이렇게 이해해도 됩니까? 우리 군은 그 정도의 사안들을 기록으로 남기지 않고 많은 부분을 구두로 처리하고 있다, 이렇게 얘기해도 되겠어요? 장관, 내일 이임하실 분이니까 말씀해 보세요. 기억 안 나서 말 못 하겠어요?

국방부 장관 신원식: 위원님 원하시는 대로 그냥 하세요. 저는 위원님 말씀에 전혀 대답할 가치를 못 느끼고 있습니다.

김민석 위원: 김용현 후보자와 신원식 장관의 말씀하시는 태도가 동일하군요. 대통령과도 동일합니다. 국민의 대리인이 묻는데 너네가 물어보고 싶으면 물어라, 대답 안 하겠다, 기록에 남기지 않아도 좋다, 우리는 구두로 한다. 좋습니다. 좋은 것을 확인했습니다.

국방부 장관 신원식: 제가 한 말씀만 드리겠습니다. 2017년에……
(발언시간 초과로 마이크 중단)

(마이크 중단 이후 계속 발언한 부분)

김민석 위원: 한 말씀 하지 말고 묻는 것에 대답하세요. 왜 날짜를 말하지 못하고 다른 얘기만 해요? 그 얘기도 말 못 해요?

국방부 장관 신원식: 2017년에 이것을 일으켜서 아무도, 계엄에 대한 것들이 다 무죄되고 증거불충분입니다. 오로지 당시 기무사만, 1400명의 방첩요원들만 파면됐습니다. 이제 다시 그것을 보완하려고 하니까 또 시즌 2 계엄입니다. 이것을 일으켜서 우리 국민이 아니라 김정은만 행복할 것입니다. 이제 좀 그만하십시오.

김민석 위원: 위원장님, 저 보충질의하겠습니다. 아니, 저렇게 답하고…… 보충질의할게요.

국방부 장관 신원식: 안 하겠다고, 없었다고 이렇게 다짐을 하는데 왜 자꾸 계엄 괴담을 하시는 겁니까?

위원장 성일종: 정리하시지요.

김민석 위원: 보충질의할게요.

위원장 성일종: 정리하시지요. 그러시지요. 또 부승찬 위원님 질의하시기 바랍니다.

김민석 위원: 잠깐만, 보충질의할게요. 한 바퀴 돌아간 다음에, 답했으니까. 다음에 해도 좋아요. 보충질의할게요.

위원장 성일종: 또 김민석 위원님께서 조금 더 하시고 싶다고 그러셨는데 말씀하시기 바랍니다. 한 2분 드리겠습니다.

김민석 위원: 조금 더 하겠습니다.

위원장 성일종: 그러시지요. 한 3분 드리겠습니다.

김민석 위원: 제가 장태완 전 장군님하고 국회의원을 같이 한 사람입니다, 바로 옆에서.
우선 계엄이 논의될 수 없는 선진국이 됐다 이런 취지지 않습니까, 장관? 그러시지요?

국방부 장관 신원식: 예, 그렇습니다.

김민석 위원: 미국은 왜 군 출신이 아닌 민간인을 국방부 장관으로 쓸까요?

국방부 장관 신원식: 7년 경과, 7년 이전에는 잘 안 쓰는 걸로 알고 있습니다.

김민석 위원: 그렇지만 썼던 경우들이 많이 있지요. 선진국에서는 군에 대한 민주적 통제라는 원칙이 확고히 갖춰져 있지요. 국회와 민주적 통제에 대한 여러 가지 질의에 대한 차분하고 안정적인 답변, 이것이 군과 국방부 장관의 기본적인 자세라고 저는 봅니다. 국방부 장관뿐만 아니라 안보실장도 마찬가지가 되겠지요.

계엄 얘기가 나왔습니다마는 지금은 제가 계엄을 묻지 않았습니다. 그냥 언제였는가를 물었습니다. 우리 군이 어떻게 행정을 하고 있는가, 군기는 잘 갖춰져 있는가, 일반적인 사회의 상식과 통념과 행정조직의 운영으로 볼 때 통상적인가를 물었습니다. 그것이 잘못됐다면 사회가 문란한 것이고 군이 잘못됐다면 군기가 문란한 것이겠지요.

지난번 최근 말씀하신 경호처장 모임을 구두 승인하신 것이 언제지요? 아까 제가 물으니까…… 이렇게 확인하겠습니다, 기분이 좀 가라앉으셨다면 사과까지 하셨으니까. 기억이 안 나는 것인지 답변을 하기 싫은 것인지 답변을 그런 사안은 안 하는 것이 공식적인 것인지 셋 중에 어떤 것입니까?

국방부 장관 신원식: 정확하게 기억이 나지 않습니다.

김민석 위원: 아까 답변 중에는 작년 말에 승인했던 기억이 난다고 말씀……

국방부 장관 신원식: 그런 기억이 있는데 제가 다시 확인을 해 봐야 되겠습니다.

김민석 위원: 작년 말에 승인하신 것 잘 기억해 주신 것 같습니다. 아마 작년 말에 승인하신 것이 가장 최근 기억이실 테니까 그것을 하셨겠지요?

국방부 장관 신원식: 연말인지 연시인지는 정확하게 말씀드리면 제가 좀 기억이 희미합니다.

김민석 위원: 작년 연말인지 연시…… 아마 그것이 최근이니까 기억하신 것 같습니다. 불행하게도 장관께서 기억하시는 것보다 훨씬 최근에 또 있습니다. 장관보다 제가 또는 저희 주변에서 군 돌아가는 것에 대해서 의심스러운 정황을 더 알면 얼마나 불행하겠습니까? 그렇지요? 현임 장관도 후임 장관도 모두 조금 전에 얘기했던 것을 바로 사과할 정도의 감정 처리를 해서 되겠습니까?

다시, 민주주의

아까 한 가지만 더 확인하고 보내드리겠습니다. 2017년 문건 다 무죄가 됐다, 그렇지 않습니다. 2017년 문건이요, 내란에 실제로 상응하는 행위까지 안 갔다는 점에서 검찰이 5년 만에 돌아온 분을 무혐의해 줬을 뿐이지 직권남용에 대해서는 조현천 재판 진행 중이고 그것 작성하고 은폐했던 분들은 유죄입니다. 장관도 안보실장도……
(발언시간 초과로 마이크 중단)

(마이크 중단 이후 계속 발언한 부분)
대통령실도 가짜 뉴스를 하지 마시고 정확하게들 하세요, 정확하게. 그리고 아까 간접적 표현을 하셨는데 저를 지정해서 사과를 안 하시고 그냥 두루뭉술하게 하셨는데 사과를 제가 요구하지도 않았고 지난번에 제가 김용현 후보자에 대해서도 그랬습니다. 요구하지 않았고 그 사과를 별로 인정하지도 않았습니다. 앞으로는 그런 자세를 저를 그냥 개인으로 보지 마시고 국민 앞에서 한다고 생각하시고 임해 주시기를 부탁드립니다.

국정감사 전체회의(24. 09. 05)

5 충암파 척결로 군의 명예와 민주주의를 지키겠습니다

계엄 논란의 핵심이자, 하나회 이후 최초의 군기 문란 파벌인 충암파를 척결해야 합니다. 이상민 행정안전부 장관이 올 초 방첩사에서 방첩사령관 등 충암고 출신 4인과 비밀 회동을 했습니다. 신원식 국방부 장관 보고가 패싱된 군기 위반 사건입니다.

충암파 김용현 국방부 장관 후보자는 최근 경호처장 공관에서 방첩사, 수방사, 특전사 사령관과 비밀 회동을 가졌습니다. 장관 보고 패싱의 군기 위반 사건입니다.
신원식 장관은 "지난 연말쯤 구두로 보고받은 것 같다", "지난 정부부터 관례"라고 답했지만, 실제 모임은 훨씬 최근이었고 그런 관례는 없다는 것이 전 정부 경호실장과 수방사령관의 증언입니다.

패싱당한 신원식 장관은 아예 모르고, 패싱한 김용현 후보자는 어디까지 비밀이 노출됐는지 몰라서 일시, 횟수, 성격에 답하지 못하고, 두 사람 다 부인, 격노, 사과를 반복했습니다. 패싱당하고 밀려나는 신원식 장관이 딱합니다.

윤석열 대통령에게 공개 질의합니다.

첫째, 군기 문란 충암파를 수사, 해임, 전보 등으로 척결할 겁니까, 아니면 지원할 겁니까?
둘째, 국회의원과 민간인 체포 명분이자 나치식 선동인 자의적 반국가 세력 규정을 고수할 겁니까?
셋째, 계엄 선동에 이재명 대표의 직을 걸라고 했으니, 어느 쪽이 거짓인지 대통령 또는 비서실장, 안보실장이 직을 걸고 저의 공개 토론을 수용하겠습니까?
넷째, 계엄 생각 없음이 진심이면 국민적 보장 조치를 하겠습니까?

저는 장태완 장군 옆자리에서 국회의원을 했고, 군에서 음모적 파벌의 조기 척결과 진압이 얼마나 중요한지 잘 압니다.

윤석열 독재정권의 반국가 세력 선동과 군기 문란 충암파 척결로 계엄 음모를 무산시키고, 군의 명예와 민주주의를 지키겠습니다.

최고위원회의(24. 09. 06)

6 충암파 비밀회동, 비공개 처리하라는 장관의 지침

김민석 위원: 여인형 사령관 앞으로 나오시지요.

충암파라고 통칭되는 이상민 행안부 장관이 방첩사를 방문했다. 또 충암파라고 이야기되는 김용현 현 장관이 경호처장 시절에 세 사령관을 불러서 비밀 모임을 했다. 이 두 가지를 놓고, 이것의 모임이 목적이나 대상이나 성격에 있어서 '적법·타당하냐' 하는 이슈가 하나 있고, 두 번째로는 '이것이 적절하게 군기에 따라 보고되었는가'라는 이슈가 있습니다. 그것은 아실 것이라고 보고.

방첩사령관은 이 두 가지에 다 연루되어 있는데 이 두 케이스 다 서면 보고는 안 하신 것으로 되어 있잖아요, 그렇지요?

국군방첩사령관 여인형: 예, 서면 보고는 안 했습니다.

김민석 위원: 구두 보고는 하신 걸로 돼 있고, 그렇지요?

국군방첩사령관 여인형: 예.

김민석 위원: 신원식 장관은 속기록에 의하면 '보고받은 바가 없다'고 했고, 이 문제에 대해 파악을 하기 위해서 국회에서 방첩사령관의 차량 운행일지를 요청하니까 김용현 장관은 친절하게 그것을 공개하지 말라고 지시까지 해 주셨어요.

제가 이것을 보면서 장관이 뭔가를 도와주려고 하는 그러한 입지에 있을 때 방첩사령관이 군기 위반 같은 위법을 하면 참 편리하겠다는 생각이 들었어요. 왜냐하면 국회 속기록에 기록이 남아 있어도 부인하면 되고 증거를 요구하면 장관이 거부해 주면 되기 때문에.

방첩사는 일반적으로 예하, 방첩사령관은 방첩사 내에서의 일반적인 업무 처리가 구두 보고가 일반입니까, 아니면 서면 보고도 합니까? 하기는 합니까?

국군방첩사령관 여인형: 답변드려도 되겠습니까?

김민석 위원: 답만 하세요. 구두 보고와 일반, 둘 다 있겠지요?

국군방첩사령관 여인형: 구두 보고, 서면 보고 다 섞여 있습니다.

김민석 위원: 당연히 둘 다 있겠지요.
제가 이전에 신원식 장관 그리고 김용현 장관, 여인형 사령관, 세 분으로

부터 공교롭게도 첫 질의를 할 때 화를 내거나 그다음에 부인을 하고 또 사과를 하는 공통의 경험을 했어요. 그래서 저는 오늘도 보면서 사실은 여인형 사령관이 답을 안 하거나 화를 내거나 또는 사과를 할 거라고 봤는데 역시 같은 것을 했어요. 그래서 그냥 지적을 몇 가지 하려고 합니다.

우리가 서면 보고를 하는 이유는 보통 기록을 남기기 위해서 또는 거기에 관련돼 있는 사람들이 나중에 말을 바꾸는 것을 예방하기 위해서, 일반적으로 그렇지 않겠어요?

국군방첩사령관 여인형: 그것은 그럴 수도 있고 저럴 수도 있습니다.

김민석 위원: 저런 것은 뭔데요?
됐어요. 답하지 마세요. 성의 없는 답변으로 들려서 내가 굳이 들을 필요 없어요.

국군방첩사령관 여인형: 아닙니다. 기회를 주시면 답하겠습니다.

김민석 위원: 이상민 장관…… 됐어요, 됐고.
서면 보고를 하는 이유에 대해서 제가 물었기 때문에…… 이상민 장관의 방첩사 방문에 대해서는 첫째, 서면 보고를 하지 않았기 때문에 기록이 없습니다. 두 번째로는 국회 속기록에 전 신원식 장관이 보고받은 바 없다고 두 번이나 이야기했고, 굳이 방첩사령관이 최대에 기대려고 하고 있

는 근거는 확인해 보겠다는 워딩 하나인데 그것은 '보고했다'라는 말을 입증하는 자료로 쓰일 수는 없습니다. 세 번째로 방첩사령관의 주장이 입증되려면 방첩사령관이 신뢰하는 기억력과 체력을 가지고 있다고 한 신원식 장관의 기억력에 명백한 문제가 있었다는 것이 전제가 돼야 되는 것입니다. 네 번째로 우리가 요구했던 운행일지를 김용현 장관이 내지 말라고 했기 때문에……

자, 묻습니다.
이러한 상황일 때 이러한 질문의 대상이 여인형 사령관이 아니라 그 누구라고 하고, 질문하는 국회의원이 제가 아닌 그 누구라고 할 때, 이런 정도일 때 이런 부분에 대해서 합리적 의심을 하는 것이 전혀 가능하지 않다고 생각하십니까?

국군방첩사령관 여인형: 답해도 되겠습니까?

김민석 위원: 아니, 그냥 가능하다, 아니다. 가능하다, 아니다.

국군방첩사령관 여인형: 그러니까 어떻게 답을 드려야 될지 모르겠습니다.

김민석 위원: 아니, 국회의원이 이런 정도 질문하는 것이 가능하다, 아니다.

국군방첩사령관 여인형: 어떻게 답을 드려야 될지 모르겠습니다. 그냥 단답형으로 할 수가 없는 문제이기 때문에 그렇습니다.

김민석 위원: 됐어요. 모르겠으니까 됐고.
경호처장 비밀 모임에 대해서 이 또한 서면 보고를 안 했잖아요, 이게 노출될지 몰랐지요?

국군방첩사령관 여인형: 전혀 그렇지 않습니다.

김민석 위원: 노출될 줄 알았어요? 그런데 뭐 그렇게 비공개를 했어요, 노출될 줄 알았어요? 이것 천하에 다 알리고 했나요?

국군방첩사령관 여인형: 노출이 문제가 아니라 이것이 이런 논란거리가 될지 자체를 저는 몰랐습니다.

김민석 위원: 그런데 중간에 왜 갈아탔지요?

국군방첩사령관 여인형: 뭘 갈아탑니까?

김민석 위원: 갈아탄 학교는 기억이 안 나세요?

국군방첩사령관 여인형: 예?

김민석 위원: 어디서 학교 갈아탄 것은 기억이 안 나세요? 그 학교 이름

은 기억이 안 나요?

국군방첩사령관 여인형: 뭘 갈아탔다는 말씀이시지요?

김민석 위원: 시간이 거의 다 됐기 때문에……
이 건과 관련해서 문제가 된 이후에 새로 취임한 김용현 장관으로부터 문의나 또는……

(발언시간 초과로 마이크 중단)
조사를 받아본 적은 없지요?

국군방첩사령관 여인형: 위원님, 제가 이해력이 떨어진다고 지적하셔도 좋은데……

김민석 위원: 아니, 조사를 받아본 적이 있냐고 묻잖아요. 단순 질문이에요.

국군방첩사령관 여인형: 물으시는 것에 대해서 정확히 단답형으로 대답을 할 수가 없습니다, 지금.

김민석 위원: 왜 못 하지요? 내가 문의나 조사를 받아본 적이 있는, 내가 지금……
이것 마이크 넣어주셔야 돼요.

위원장 성일종: 1분 더 드리겠습니다.

김민석 위원: 아주 단순한 질문이잖아요. 제가 이유와 배경을 물은 것이 아니라 전임 신원식 장관이 아닌 새로 부임한 김용현 장관으로부터 이 사안에 대해, 귀 사령관의 거취에 대해서 본인이 말씀하시기를 모욕감을 느낄 정도로 전국적으로 기사화가 된 사안에 대해서 국회에서 이렇게 물었는데 '이것 어떻게 된 거냐? 보고했냐, 안 했냐?' 친하니까 그렇게 묻거나 또는 서면으로 '이 사안에 대해서는 명백하게 시말서를 제출하시오'라는 구두 질의 둘 중에 어떠한 방식으로든 문의나 조사나 이런 것을 받은 바가 있냐고 내가 물었습니다. 이게 그렇게 답하기 어려워요, 방첩사령관? 단답해 보세요, 단답.

국군방첩사령관 여인형: 단답이요?

김민석 위원: 조사를 받은 적이 있는가?

국군방첩사령관 여인형: 없습니다.

김민석 위원: 문의를 받은 적이 없지요?

국군방첩사령관 여인형: 없습니다.

김민석 위원: 됐어요. 그다음 제가 3라운드에 다시 질문하겠습니다.

국군방첩사령관 여인형: 위원장님, 이대로 들어갑니까, 아니면 제가 말씀하신 것에 대해서 '예, 아니요'라고만 답하면……

김민석 위원: 내가…… 잠깐, 내가 예, 아니요 물었기 때문에……

국군방첩사령관 여인형: 아닙니다. 저 위원장님께 여쭤보는 겁니다.
(발언시간 초과로 마이크 중단)

(마이크 중단 이후 계속 발언한 부분)
김민석 위원: 질의한 위원에게 답변하는 거예요. 위원장에게 묻는 게 아니에요.

국군방첩사령관 여인형: 아닙니다. 위원장님께 여쭤보는 겁니다. 제가 증인으로 나왔기 때문에 저도 국민들이 보시는 이 자리에서 드릴 말씀이 있습니다.

김민석 위원: 잠깐만, 이 부분에 대해서는 위원장님 말씀하시면 안 됩니다. 위원이 물어본 것에 답하는 것이에요.

국군방첩사령관 여인형: 위원장님께 제가 여쭤보고 싶습니다.

김민석 위원: 위원장에게 물어볼 자격이 없어요. 월권하지 마십시오.

위원장 성일종: 알겠습니다. 그러면 김민석 위원님 질의가 끝나셨지요?

김민석 위원: 세 번째 질의할 때 답할 기회를 드릴게요. 지금은 답하지 마세요. 예, 아니요만 물었기 때문에.

국군방첩사령관 여인형: 위원장님께서 판단해 주십시오.

위원장 성일종: 그러면 김민석 위원님께서 세 번째 질의를 하시고 만약에 더 하실 말씀이 있으시면 그때 저한테 요청하시면 그때 제가 기회를 드리도록 그렇게 하겠습니다. 들어가시기 바랍니다.

국군방첩사령관 여인형: 기회를 주시기를 제가 간곡히 부탁드립니다.

위원장 성일종: 알겠습니다.

국방위원회 국정감사 2차 질의(24. 10. 08)

7 국정감사 중에 전쟁 사주하는 국힘 의원

김민석 위원: 탈북자 단체들이 대북 전단 보내는 것을 우리 정부에서 현재 못 막았습니다.

국방부 장관 김용현: 예.

김민석 위원: 오물 풍선을 북에서 보내서 오늘 대통령실에까지 도착하는 것을…… 현재 그런 상황이 발생한 상태입니다. 아까 인정하셨지요?

국방부 장관 김용현: 예.

김민석 위원: 북에서 남측에서 보냈다고 주장하는 무인기가 평양에 들어간 것 때문에 한반도에 지금 일정한 긴장 상황이 조성되어 있고, 그 진위가 현재 시비가 되어 있는 상태입니다. 그렇지요?

국방부 장관 김용현: ……

김민석 위원: 빨리빨리 답하세요.

국방부 장관 김용현: 예, 긴장 조성의 원인은……

김민석 위원: 아니, 지금 내가 원인을 묻는 게 아니라 그런 상태냐고 물었잖아요.

국방부 장관 김용현: 긴장이 조성돼 있습니다.

김민석 위원: 그렇지요?

국방부 장관 김용현: 예.

김민석 위원: 유엔사에서 대북 확성기 관련해서 대한민국 측에서 규정을 위반한 바가 있다는 지적이 있었지요?

국방부 장관 김용현: 없었습니다.

김민석 위원: 지적 없었어요?

국방부 장관 김용현: 예.

김민석 위원: 언론에 나온 건 뭐예요?

국방부 장관 김용현: 저는 통보받은 적도 없고……

김민석 위원: 됐고요.

국방부 장관 김용현: 보고받은 적도 없습니다.

김민석 위원: 됐고.
10월 24일 날, 저희가 조금 전의 보도를 확인하면 한기호 위원께서 국방부 장관한테 우크라이나에 협조가 가능하면 북괴군을 타격해서 그 피해를 오게 한 다음에 심리전을 활용하자라는 문자를 보낸 것으로 되어 있고, 그리고 연락관도 파견하는 것이 필요하지 않으냐 하니까 '그렇게 될 겁니다'라고 답을 했다는 문자를 서로 주고받은 것으로 되어 있는데 사실과 같습니까, 틀립니까?

국방부 장관 김용현: 언론에 나온 것 봤습니다.

김민석 위원: 맞는 것 그대로지요?

국방부 장관 김용현: 예.

김민석 위원: 언론에 나온 것을 봤을 뿐만 아니라 그런 문자를 받았고……

국방부 장관 김용현: 예?

김민석 위원: 그런 문자를 받았고.

국방부 장관 김용현: 전 받은 적 없습니다.

김민석 위원: 언론이 그러면 가짜 문자를 만들어냈어요?

국방부 장관 김용현: 전 받은 적 없습니다.

김민석 위원: 그러면 그 문자를 받고 그렇게 될 겁니다라고 답한 적도 없어요?

국방부 장관 김용현: 없습니다.

안규백 위원: 신원식……

추미애 위원: 신원식 안보실장.

김민석 위원: 신원식한테 보냈다는 거예요? 그러면 그 기사를 보신 것은 맞지요?

국방부 장관 김용현: 예.

김민석 위원: 잠깐만요.
그러면 여당의 전 군 출신 의원이 이런 것을 현재…… 이 정부의 안보실장이면 상당한 책임자인데 그 실장한테 이런 문자를 보냈다, 이것이 언론에까지 나왔으면 사실일 텐데 이런 것에 대해서 있을 수 있는 일이다, 없는 일이다, 어떻게 판단하세요?

국방부 장관 김용현: 사적으로 주고받은 내용을 가지고 얘기하는 것은 적절치……

김민석 위원: 아니, 사적으로가 아니라 국방위원이 안보실장한테 이런 문자를 보냈다, 어떻게 생각하시냐고요.

국방부 장관 김용현: 저는 별로 그렇게 크게 가치를 갖지 않고……

김민석 위원: 큰 의미 없다?

국방부 장관 김용현: 예, 의미 없다고 생각합니다.

김민석 위원: 그러면 이런 문제를 첫째, 이러한 상황이 발생해서 대북 심리전, 사실상 대북 전쟁의 일환인 심리전에 이용하자라는, 정치에 이용하자라고 제기한 것에 대해서 문제의식이 없다. 첫째 됐고요.

두 번째로, 그러면 연락관을 파견할 것이다, 파견하자라고 하니까 '연락관을 파견하게 될 것입니다'라고 얘기한 것과 장관이 오늘 '모니터링팀을 파견하겠다'라고 얘기한 것과의 사이에 연관성이 있습니까, 없습니까? 교감이 있었어요, 없었어요?

국방부 장관 김용현: 없었습니다.

김민석 위원: 교감이 없었어요?

국방부 장관 김용현: 예.

김민석 위원: 교감이 있었든 없었든, 제가 아까 분대 규모를 파견하더라도 그것은 전장에 파견하는 것이기 때문에 동의를 받아야 하는 사안이라고 얘기했어요. 아까 위원장께서 '연락관을 파견하는 것은 있을 수 있지 않느냐'라고 얘기했다고 제가 들었는데, 장관은 분명히 모니터링팀이라고 표현했고, 그것이 1인이건 3인이건 그것은 전장에 파견하는 것이기 때문에 우리는 국회의 동의를 받아야 될 사안이라고 봅니다.

이제 장관에게 묻는 것이 아니라 제가 몇 가지 말씀드리겠습니다.
한기호 위원께서 국회 국방위원으로서 이런 문자를 보낸 것은, 더구나 대북 심리전을 제안한 것은 저는 국방위에서 즉각 이 회의를 긴급회의로 전환시켜서 결의를 해야 될 사안이라고 봅니다. 경고하고 제명해야 됩니다.

한기호 위원: 하세요.

김민석 위원: 둘째, 한동훈 대표가 이건 제명해야 될 사안이에요.

한기호 위원: 하세요.

김민석 위원: 그리고 있는 그대로 여기서 공개하시고요. 어떤 취지에서……

한기호 위원: 하시라고요.

김민석 위원: 제가 할 일이 아니지요.

한기호 위원: 하세요.

김민석 위원: 어떤 취지에서 어떻게 했는지를 그 당에서 한동훈, 한기호 위원이 얘기하세요.

한기호 위원: 한동훈하고 한기호하고 헷갈리지 마시고.

김민석 위원: 한기호, 제가 얘기했잖아요. 한기호 위원이 그렇게 자랑스러우면 떳떳하게 국민 앞에 보낸 취지를 이야기하시고, 그 당에서 공개적으로 다 의원들하고……

한기호 위원: 다 얘기하신 다음에 얘기하겠습니다.

김민석 위원: 하시고요. 지금은 이 질의가 아니라 국방위 잠깐 정회하고 이 문제에 대해서 중대하게 저는 논의해야 될 사항이라고 봅니다. 지금 이런 상황을 대북 심리전에 이용하자는 이런 문자를……
(발언 시간 초과로 마이크 중단)

(마이크 중단 이후 계속 발언한 부분)
주고받는 그런 위원하고 어떻게 지금 여기서 논의를 하겠어요.

한기호 위원: 같이 앉아 있고 싶지 않으면 나가세요. 같이 앉아 있고 싶지 않으면 나가시라고.

김민석 위원: 한기호 위원님, 혹시 말씀하실 거면 의사진행 발언하고 할 거니까 하고 나면 제가 또 의사진행 발언할게요.

김민석 위원: 한기호 위원께서 신상발언 중에 나온 내용 중에 민주당이 우크라이나 전쟁 또는 북의 우크라이나 파병설에 대해서 일체의 말이나 비판이나 규탄이 없었다고 한 것은 명확한 사실관계가 다른 것이기 때문

에 그런 것을 잘 알고 말씀하시는 것이 좋겠다라는 말씀으로 그 부분에 대해서는 제가 대신하겠습니다.

굳이 그 말씀을 드릴 필요 없이 이 사안의 본질인, 한기호 위원의 우크라이나 관련한 북의 파병 군대에 대한 우리 측의 우크라이나 협조에 의한 조치 요청을 대북 심리전에 사용하자라는 안보실장과의 문자에 대해서 그 문자가 사실인가, 그리고 그에 대해서 어떻게 성격 규정을 할 것인가, 그에 대해서 문제가 있다고 보는가 아닌가에 대한 해명을 요구했던 저와 야당 위원들의 문제 제기에 대해서 한기호 위원께서는 그 사안의 위중함에 대해서 잘 이해를 못 하시는 것 같고, 여당 위원들께서는 그 사안이 방어를 해야 될 사안인지 설명을 해야 될 사안인지 잘 판단을 못 하시는 것 같고.

그러나 아마도 저희가 객관적으로 볼 때 이 사안은 이미 보도된 것에 기초해서 상당한 국민적 우려를 가져올 것입니다. 상식적으로 볼 때 국회 국방위원회는 이 문제에 대해서 즉각적으로 정리를 하고 해명을 하고 한기호 위원에게 사과를 하게 하는 것이 국회 국방위원회의 상규라고 보는데, 위원장께서도 그런 조치를 안 했기 때문에 저는 국방위원회가 이미 정상적인 진행이 되기 어렵다고 판단을 하고.

이것은 결국 국민의힘과 정부에서 해당 관련자들에 대한 문책이라든가 국민에 대한 설명이 있어야 될 것으로 보고, 한기호 위원님께서 저렇게 이 문제에 대해서 이해를 못하고 웃는 모습을 보면서 대단히 안타깝다는 생각을 드리고요.

이 문제에 대해서 더 이상 국방위원장께서 적절한 정리를 못 한다고 봐서 의사진행 발언 연후에 저는 이 문제에 대해서 퇴장하는 것이 좋겠다 이렇게 판단합니다.

국방위원회 국정감사(24. 10. 24)

8 전쟁 사주의 본질은
   신원식의 긍정 답변입니다

전쟁 위기입니다. 신원식-한기호 전쟁 사주 문자의 본질은 한기호의 전쟁 사주 제안이 아니라, 신원식의 긍정 답변입니다.

우크라이나와 협의해 북한군을 폭격해 심리전에 이용하고 참관단을 파견하자는 한기호에게, 안보실장은 기다렸다는 듯 "넵", "그렇게 될 것"이라고 답했습니다. 이것이 핵심입니다.

비상대책회의까지 하며 진행 중이던 음모가 한기호 문자를 통해 드러난 것입니다. 한기호가 들통 공신입니다.

같은 날 국방부 장관은 국회 동의 없이 불가능한 분쟁지역 파병 계획을 밝혔고, 대통령은 살상 무기 지원을 언급했습니다. 김건희·윤석열과 충암파에겐 다 계획이 있었습니다. 이들은 우크라이나의 불길을 서울로 옮기려 합니다. 다 잘라야 합니다.

무서운 생존욕입니다. 북한은 무인기 침범을 주장하며 보복을 경고하는

데, 충암파 방첩사령관은 학살자 전두환 사진을 걸었고, 오물 풍선 무방비 이전 책임 김용현은 차지철 존경을 떠들고, 여당 대표조차 개무시한 대통령은 안 오던 국회에 와 김건희 결백과 반국가 세력 척결을 호소할 연설 준비를 시작했습니다.

전쟁 사주든 계엄 시도든, 정권 사수에 뭐든 하자. 이것이 돈과 칼, 정체불명 영적 대화만 믿는 김건희·윤석열 패밀리의 본색입니다.

미국 정치 공백기인 11월 5일 미 대선까지 열흘이 최대 위기입니다. 음모는 계속될 것입니다. 무슨 짓이든 해온 자들은 무슨 짓이든 합니다. 12·12, 5·18, 북풍 후예 김건희·윤석열과 그 개 충암파, 정치검찰의 발악을 막아야 합니다.

주말이면 각종 종교 집회가 열립니다. 일제와 독재와 싸울 때처럼, 온 나라를 휘감은 전쟁·계엄 음모, 이단 세력 척결을 위해 온 국민의 염원과 협력이 간절한 때입니다. 국민만이 방파제입니다.

최고위원회의(24. 10. 25)

9 포악한 이단 무신 정권을 끝내야 합니다

국민 여러분, 비상 상황입니다.

불법과 허위의 시궁창을 기어, 권력을 찬탈한 김건희·윤석열의 친위 쿠데타를 막아야 합니다. 불법 관련 범죄자 집단이 총동원된 권력 유지 작전이 시작되었습니다.

전쟁 조장, 계엄 공작, 이재명 죽이기 외에는 길이 없는 정권의 발악입니다. 위헌·위법적 파병과 살상 무기 지원까지 시도합니다. 국민 안전은 안중에 없습니다.

총리와 장관 후보를 지명하고, 형법상 공무원인 인수위원을 임명하는 대통령 당선인이 무슨 민간인입니까?

불법의 추가 증거가 중요한 것이 아니라, 명백한 불법을 부인하고 추가 불법을 감행하며 쿠데타를 꾀하는 범죄 권력을 어떻게 할 것인가가 본질입니다. 범죄 공동체 이단 부부는 무슨 짓이든 할 것입니다.

서울의 봄을 빼앗기지 않겠습니다. 반란 세력에 또 당하면 안 됩니다. 범죄 권력 관련자 전원을 주시하시고, 불법에 불복종해 주십시오. 국회만으론 안 됩니다. 모여주시고 모아주십시오. 포악한 이단 무신 정권을 끝내야 합니다.

최고위원회의(24. 11. 01)

2장

12·3계엄, 내란사태

1 Democracy in Korea at a Crossroad

On December 3, 2024, at 10:27 PM, President Yoon Seokyeol declared martial law. This declaration is illegal and constitutes a criminal act, directly violating the Constitution and other laws.

It is essentially a coup d'état.

The current political and social situation does not meet the criteria of "a time when it is necessary to respond to military needs or maintain public order in wartime or a similar national emergency" as outlined in Article 77 of the Constitution. Therefore, the emergency martial law is invalid and illegal, and the president should be held accountable.

Additionally, martial law is procedurally invalid as there was no cabinet meeting, which is required by Article 2(5) of the Martial Law Act.

This martial law is null and void!

It is illegal for martial law forces to enter the National Assembly. We demand the immediate lifting of martial law.

계엄 관련 외신 브리핑(24. 12. 04)

2 중대 범죄자
김용현

김민석 위원: 차관하고 총장, 단답으로 순서대로 답변하세요. 지금이 전시입니까? 차관부터.

국방부 장관 직무대행 김선호: 지금 전시 아닙니다.

김민석 위원: 총장.

육군참모총장 박안수: 정전 상태에 있습니다.

김민석 위원: 준전시입니까?

육군참모총장 박안수: 예, 정전 상태입니다.

김민석 위원: 아니, 지금 전시냐고요. 현재 전쟁이 이루어지고 있는, 계엄법에서 얘기하는…… 장난치지 말고, 장난으로 묻는 거 아니잖아요. 다시 차관, 전시입니까?

국방부 장관 직무대행 김선호: 전시 아닙니다.

김민석 위원: 총장.

육군참모총장 박안수: 예, 아닙니다.

김민석 위원: 준전시입니까?

국방부 장관 직무대행 김선호: 준전시 아닙니다.

김민석 위원: 총장? 예, 아니요 간단하게.

육군참모총장 박안수: 예, 아닙니다.

김민석 위원: 계엄법에서 규정하고 있는 치안 부재 상태입니까? 예, 아니요.
차관…… 빨리 빨리.

국방부 장관 직무대행 김선호: 지금 질문하신 게……

김민석 위원: 치안 부재 상태냐 아니냐만 답하세요. 예, 아니요?

국방부 장관 직무대행 김선호: 치안 부재 상태 아닙니다.

김민석 위원: 총장.

육군참모총장 박안수: 예, 아닙니다.

김민석 위원: 아니지요? 차관한테 그리고 두 사람 다, 두 분 다 얘기하는데요. 저는 김용현 씨가 해외 도피 가능성이 높다고 보고 결국 현재 모든 상황은 특검과 앞으로 국회에서의 조사 등을 통해서 다 드러날 거라고 보고 우리는 역사상 전두환, 노태우를 포함한 모든 쿠데타가 단죄된 경험이 있습니다. 오늘 이후에 이번 계엄 과정과 관련해서 있었던 국방부와 예하 부대, 어떤 부대에서도 의심 갈 수 있는 자료의 수정·이동·은폐와 관련된 일이 단 1도 이루어지지 않도록 특별하게 지시하시고 본인들도 유념하시기 바랍니다. 총장!

육군참모총장 박안수: 예.

김민석 위원: 상식적으로 육사 다니면서 배운 거 말고 이번에 계엄사령관 된 이후에 지금 보면 국회에 간 거, 선관위 간 거 그다음에 언론기관 접수한 거, 기타 등등 여러 가지 몰랐다는 거잖아요. 그렇지요?

육군참모총장 박안수: 예, 그 당시에는……

김민석 위원: 잠깐만, 됐어요. 아냐 모르냐만……
그러면 계엄사령관으로 임명받은 후에 대통령이라든가 국방부 장관으로부터 인계받은 자료 또는 특별히 구두로 가이드라인 받은 것 있습니까, 없습니까?

육군참모총장 박안수: 포고령 1호 관련된……

김민석 위원: 포고령 말고 또…… 통상 우리가 갖고 있는 편람, 그다음에 과거 박근혜 때 으레 확인되는, 예를 들어 실행계획 이런 것 외에 각종 가이드라인 또는 접수계획 등등 관련해서 어떤 거든, 일체의 서류가 하나도 없습니까?

육군참모총장 박안수: 예.

김민석 위원: 그러면 윤석열 대통령이 명하고 그다음에 계엄사령관이 받은…… 계엄사령관 지위로서의 계엄 행위는 모두 어떠한 가이드라인 없이 계엄사령관을 통해서, 계엄사령관의 구상에 의해서 실행됐어야 되는데 지금 실제로는 본인이 모르는 여러 가지 행위가 일어났잖아요.

육군참모총장 박안수: 예, 그렇습니다.

김민석 위원: 그렇지요? 그러면 이 상황에서 본인이 대한민국 군인으로

서 책임 있는 위치에 있는 입장에서 취해야 될 조치는 다음 중 어떤 것이 있다고 생각하는지 내가 한번 물어볼게요.

첫째, 나 계엄사령관으로서의 계통과 상관없이 예하 부대장들이 행했던 모든 행위에 대해서 어떤 형태로든 즉각 감찰을 요구하고 해당 수사를 요구하고 그들에게 자료 제출을 요구하고 그것을 정부의 적정한 기관에 요청해야 한다, '예, 아니요'.

육군참모총장 박안수: 그걸 검토해 보겠습니다.

김민석 위원: 검토가 아니라 할 거예요, 안 할 거예요? 오늘 바로 하세요.

육군참모총장 박안수: 한번 검토해 봐야 될 것 같습니다.

김민석 위원: 필요해요, 안 해요? 아니면 본인이 다 책임질 거예요?

육군참모총장 박안수: 그 절차를 체크해 보겠습니다.

김민석 위원: 그것 해야 되고. 두 번째, 본인 계엄사령관으로서의 명령계통을 통하지 않고 이루어진 모든 행위에 대해서 밑에서 이루어진 사람들은 명령이니까 행해야 됐다라고 답할 수도 없는 매우 중대한 반란행위 내지는 위법행위 내지는 계엄사령관의 계통도 통하지 않은 군 내부의 기

강 파괴 행위를 한 거예요. 동의하십니까? 동의하냐 안 하냐.

육군참모총장 박안수: 그 부분은 동의하지 않습니다.

김민석 위원: 왜 동의하지 않지요? 간단하게.

육군참모총장 박안수: 그것은……

김민석 위원: 잠깐만, 다음 두 가지 답하세요. 그 이유는 나를 통하지 않고도 다른 명령계통 수행이 있을 수 있기 때문에 그렇다. 아니면 그들의 창의적인, 어떤 계엄 수행이 있을 수 있으니까 그렇다. 1번, 2번 중의 어떤 겁니까?

육군참모총장 박안수: 1번입니다, 권한이 있는 분들이 계시기 때문에.

김민석 위원: 그러면 나 말고도 어떤 부분으로부터 명령이 내려갔다고 본다.

육군참모총장 박안수: 예. 권한이 있는 분들이 있습니다.

김민석 위원: 어떤 부분이 내려갔다고 본다, 본인들의……
제가 물었잖아요. 1번은 다른 명령계통이 있을 것이다, 2번은 본인들이

알아서 했을 것이다. 1번이에요, 2번이에요?

육군참모총장 박안수: 1번입니다.

김민석 위원: 1번, 다른 계통이 있었을 것이다.

육군참모총장 박안수: 예, 그렇습니다.

김민석 위원: 누구지요? 법상.

육군참모총장 박안수: 법상으로는 전국 비상계획 안에 있는……

김민석 위원: 장관?

육군참모총장 박안수: 장관님, 이렇게……

김민석 위원: 장관 아니면 대통령? 법상으로는 대통령이 직접 계엄사령관을 지휘할 수 있게 되어 있어요. 대통령이 직접 지휘한 게 있어요, 없어요?

육군참모총장 박안수: 없으시고 위임하셨습니다.

김민석 위원: 그러면 지금으로 봐서는 김용현 씨밖에 없다고 봐야 되는 거지요?

육군참모총장 박안수: 예.

김민석 위원: 그러면 본인은 지금 김용현 씨는 중대한 범죄자라고 얘기한 거예요.
하나만 더 얘기할게요. 장관하고 총장 둘 다 이 사안에 대해서 현 시점에서 어떻게 감찰하고 수사를 요청할 것인지에 대한 방안을 오후까지 제출하세요. 국방부 내에서 그리고 군 내에서……
(발언시간 초과로 마이크 중단)

(마이크 중단 이후 계속 발언한 부분)
적절한 군법 기관에 수사를 당장, 수사와 체포·압수수색을 요청해야 될 것 아니에요?
오후까지 제출하세요.

국방위원회 전체회의(24. 12. 05)

3 윤석열 대통령 담화 관련 브리핑

국정의 불안을 지속하고, 국정의 불안을 구조화하고, 뇌관을 온존하고, 병증을 악화시키는 것으로서 제2의 위헌 상태 지속 시도이고, 사실상 국민의힘 중견 정치인들의 자리 탐욕에서 비롯된 것입니다. 국민의힘은 내란사태를 정리하지 않고 그런 시도를 계속하면서 윤석열당, 내란 동조 내란당이 되려고 하는 것입니까? 윤석열 대통령의 자리가 지속될 때의 문제점을 몇 가지 말씀드리겠습니다.

즉각적인 사퇴와 탄핵 그리고 그에 기반한 내란 수사가 이루어지지 않으면

첫째, 시장의 불안이 지속되고 오늘 탄핵이 부결될 경우에는 시장은 더 악화될 것입니다. 누가 주식, 환율, 여기서의 국가적 피해를 책임지겠습니까?

두 번째로 외교적인 상처는 훨씬 깊어질 것입니다.
이미 각국이, 특히나 우방인 미국을 포함한 이제 정부뿐만 아니라 미국의 정치인들조차도 이 문제에 대해서 심각한 우려를 표하고 있습니다. 사

실상 윤석열 대통령이 물러나야 한다는 입장들을 세계 각국이 보이고 있는데 외교 관계를 어떻게 할 것입니까?

세 번째로 군 지휘체계를 어떻게 할 것입니까?
이미 국방부에서 사실상 윤석열 대통령이 내리는 군령에 대해서 공식적으로 탄핵하거나 항명할 수밖에 없다는 입장을 밝혔습니다. 이 상태가 지속되는데 군 통수권자를 온존하고 군으로부터 인정받지 못하는 군 통수권자를 그대로 두고 안보 위험이 생겼을 때 어떻게 대처할 것입니까? 아예 공식적으로 안보 불능을 구조화하자는 것입니까?

네 번째로 인사권을 어떻게 하자는 얘기입니까?
이미 박선영 인사를 통해서 헌재 방탄 인사를 시작한 것 아닙니까? 박선영 인사 자체가 인정될 수 없습니다. 탄핵되는 즉시 즉각 해임돼야 하고 본인 스스로 양심이 있다면 사의를 표명하는 것이 맞습니다.

윤석열의 존재 자체가 이제는 1초 1초가 대한민국의 정치, 경제, 외교, 안보, 그리고 주식 시장의 최대 리스크가 된 것입니다. 역설적으로 윤석열 씨가 주장해 왔던 논리를 빌려서 반문합니다. 혐의가 있어서 기소가 불가피하니 재판에서 무죄를 받아라, 이렇게 이야기하지 않았습니까?

그러면 국회는 요구합니다. 혐의가 있으니 탄핵이 불가피합니다. 죄가 없다면 헌재에서 결정할 것입니다. 지금 현재 우리에게 필요한 가장 중요한 당면 과제 첫째는 탄핵이고, 둘째는 내란 조사입니다. 내란 조사의 방법은 특검과 국회 국정조사입니다.

국힘에 요구합니다.
국힘은 오늘 탄핵 투표 이전에 계속 열릴 의총에서 첫째, 탄핵 투표에 찬성인지 반대인지 입장을 정함과 함께 동시에 즉각적인 내란특검, 그리고 내란 국정조사를 수용할지 말지를 천명해야 합니다.

다시 한번 이야기합니다.

탄핵에 대해서 어떤 입장을 취하든지 간에 정신이 있는 정당이라면 반드시 이 내란에 대한 조사에 임해야 할 것입니다. 그 유일한 방법은 내란특검을 즉각 설치하고 내란 국정조사를 즉각 국회가 시작하는 것입니다. 이에 대한 수용 여부를 천명하십시오.

참고로 수사에 대해서 한 가지 말씀드리겠습니다. 국수본이 즉각적으로 하고 지금 진행을 하고 있는 것으로 알고 있습니다. 국수본이 애써 주시기 바랍니다. 그러나 이것은 결국 불가피하게 특검에 넘길 수밖에 없게 될 것입니다. 적절한 절차를 취해 가겠습니다. 이미 누차 이야기했지만 검찰 수사는 비합법적이고 정치적으로 오염될 가능성이 너무 높습니다. 의도가 아주 건전하지 않습니다. 계속 경고합니다. 계속 현재의 검찰 수사 상태를 지속하겠다는 것에 대해서는 책임을 져야 할 것입니다.

국힘의 이른바 중진들에게 공개 제의합니다.

지금 계엄은 잘못됐지만 내란이라고 규정하는 것에 대해서는 주저하면서 대통령의 사퇴 또는 탄핵에 반대하면서 국민과 국힘 국회의원들에게 설득과 기만을 계속하고 있는 국힘 중진 의원들에게 공개 제의합니다. 얼굴과 이름을 밝히십시오. 권성동, 권영세, 나경원, 윤상현.

또 누구입니까? 5대 5로 공개 토론합시다.

4명이면 4대 4, 5명이면 5대 5로 국민 앞에서 탄핵 투표 전에 토론합시다. 오후 2시까지 답을 주기를 제안합니다. 4가지의 안건을 놓고 국민 앞에서 공개 토론합시다.

첫째, 이번 계엄이 합헌인가 합법인가? 이번 계엄은 내란인가 아닌가?

둘째, 탄핵 외에 대안이 있는가? 탄핵은 합헌인가 아닌가?
그리고 국힘의 중진들이 제기하고 있다는 여러 가지 대안 혹은 책임 총리 혹은 거국내각, 이런 것들이 과연 현시점에서 합헌적인가? 정당한가?

세 번째로, 윤석열을 그대로 온존하면서 대한민국의 시장, 외교, 국방, 무엇보다도 엄정한 내란 수사가 가능한지 이에 대한 대안을 내놓으십시오. 이런 것이 없이 윤석열의 사퇴 또는 탄핵을 반대한다면 본인들이 책임 총리하자는 그 자리 욕심 외에 뭐가 있습니까? 당장 속셈을 드러내고 국민 앞에서 정정당당하게 토론을 하든가 아니면 주장을 거두고, 그렇지 않다면 정치를 당장 오늘 그만두십시오.

네 번째로, 자유투표를 보장할 것인지 말 것인지 답하기 바랍니다. 만약 어떠한 명분으로도 자유투표를 보장하지 않는다면 그것은 사실상 윤석열을 본받아서 투표 계엄을 하겠다는 쿠데타당이라는 것을 인증하는 것 아닙니까?

다시 한번 요구합니다.
국힘의 나경원, 권성동, 윤상현, 권영세, 또 누군지 모르겠습니다만 4명이든 5명이든 국힘에 양심이 있다면 중진이라고 자칭하는 사람들이라면 민주당의 4대 4, 5대 5 공개 토론회, 온 국민 앞에서 전 세계 앞에서 응할 것을 정식으로 요청합니다. 응하지 못한다면, 그럴 자신이 없다면 입을 닫으십시오. 입 닫고 국회의원들의 자유투표를 즉각 결의할 것을 요청합니다.
쿠데타 대통령을 따르는 쿠데타당이 될 것입니까?
이상입니다.

최고위원회의(24. 12. 07)

4 내란사태의 신속하고 근본적인 종결을 위한 민주당의 입장

윤석열 내란에서 한동훈-한덕수-검찰 합작 2차 내란으로 확산되고 있는 현 상황에 대하여 -

윤석열 내란이 한동훈-한덕수-검찰 합작 2차 내란으로 확산되고 있습니다. 국수본이 윤석열 등 관련자 전원을 즉각 체포하여 구속 수사하고, 한덕수 총리 등 국무회의 내란 가담자를 즉각 소환 수사하고, 모든 관련 기관은 대북전단 및 휴전선 총격 조작 등 북풍 공작에 의한 전시 계엄 시도 억지에 총력을 기울여야 합니다.

상황은 끝나지 않았습니다. 내란사태가 지속되고 있습니다. 위헌에 위헌이 더해지고, 불법에 불법이 더해지고, 혼란에 혼란이 더해지는 무정부 상황이 지속되고 있습니다.

예측 불허의 후속 사태를 막기 위해 윤석열의 즉각적인 군 통수권 박탈, 김용현뿐 아니라 여인형을 비롯해 1차 계엄에 동원된 핵심 지휘관의 즉각 구속 수사가 반드시 이루어져야 합니다. 내란 기획 및 협조 세력의 규모, 실체, 소재 등이 전혀 드러나지 않은 극도로 위험한 상황입니다.

내란죄 처벌과 중형을 두려워한 군 내부 세력의 망동을 초고속 진압하지 않으면, 휴전선의 조작된 총성 몇 발로 남북 교전 상태와 전격적 전시 계엄 발동을 허용하는 천추의 한을 남길 수 있습니다. 모든 행정력을 총동원해서 남북 긴장을 유발할 대북전단 살포도 원천 봉쇄해야 합니다.

내란 세력의 다음 타깃은 전시 계엄 유발에 의한 국면 전환과 군 통수권 행사입니다. 윤석열의 즉각적인 직무 정지 없이는 이 문제를 근본적으로 해결할 수 없습니다. 6개월이 아니라 6초도 위험합니다. 윤석열의 군 통수권을 공식적으로 직무 정지시켜야만 대한민국이 안전해집니다.

계엄 내란의 엄정한 즉각 수사가 시작되어야 합니다. 관련자 전원을 반드시 즉각 구속 수사해야 합니다. 증거 인멸과 도주의 우려가 온 국민의 눈에 너무 명백합니다. 윤석열은 직무 정지 이전에라도 연금하고 일체의 자료 접근을 금지해야 합니다. 김건희 또한 마찬가지입니다. 대통령실 내의 윤석열·김건희 직속 세력 또한 모두 신병 확보, 자료 접근 금지가 반드시 필요합니다. 대통령 경호실이 즉각 필요한 조치를 해야 합니다.

국수본이 수사하고 특검으로 가야 합니다. 국수본은 신속 과감하게 수사를 진행할 것을 요구합니다. 윤석열을 포함해 군 관련자 전원을 체포, 압수수색하고, 국무회의 참가자의 가담 정도를 조사해야 합니다. 국회는 신속하게 내란특검을 통과시키고 군검찰과 협력하여 수사가 이루어지도록 할 것입니다.

법무부 장관과 대통령실은 이미 내란이 아닌 직권남용으로 축소하는 수사 가이드라인을 잡고 검찰 수뇌부와 소통하고 있다고 판단합니다. 결코 묵과하지 않겠습니다. 검찰은 이미 박근혜 당시 계엄 기획 총책이었고 김용현의 육사 동기로 긴밀하게 소통해 온 조현천을 무혐의로 만든 전과를 가지고 있습니다. 이번 내란 수사에서 검찰은 결코 주체가 될 수 없습니다.

법적인 조사 권한도 없고, 윤석열과 뿌리 깊은 이해관계 공유로 윤석열 내란을 은폐할 동기가 충만한 검찰의 수사 행위에 대해서는 심각하고 엄중하게 재차 경고합니다. 단 한 치의 불법 은폐 시도도 용납하지 않을 것입니다. 김용현 구속 후에 조금이라도 수사의 속도와 방향을 왜곡·축소하려 한다면, 이 기회에 검찰의 살길을 찾아보려는 자구책을 넘은 내란 은폐 행위, 즉 내란 행위로 간주할 것입니다. 심우정 검찰총장은 이미 탄핵 대상에 올라 있었음을 잊지 말기 바랍니다.

서울고검장에 대해서도 동기와 배후를 의심할 정황을 이미 확보하고 있음을 분명히 경고합니다. 특검 발족 전에라도 우선 필요한 일을 한다는 명분이라면 즉각 윤석열을 포함한 관련자 전원을 구속할 것을 요구합니다. 곧 모든 수사 경과를 국수본과 특검에 이관하게 될 것입니다. 김건희 앞에서 숨죽이던 검찰, 계속 숨죽이고 있으라 경고합니다.

내란사태에 가담한 경찰 지휘부에 대해서도 적절한 조치를 해나가겠습니다.

한덕수 총리는 국정 운영의 중심이 될 수 없습니다.

첫째, 헌법상 불가능합니다.
독자적인 행정부 통할권도, 공무원 임명권도, 법령 심의권도, 외교권도 행사할 수 없고 무엇보다 군 통수권을 행사할 수 없습니다. 당장이라도 전시 상황이 생기면 대통령 외에는 누구도 군 통수권을 행사할 수 없습니다.

책임총리제 운운은 현행 헌법을 완전히 무시하고 나라를 완벽한 비정상으로 끌고 가자는 위헌적·무정부적 발상입니다. 윤석열-한동훈-한덕수가 합의한다고 1분 1초의 위헌 통치도 허용되지 않습니다.

둘째, 한덕수 총리는 내란의 즉각적 수사 대상입니다. 계엄법에 따라 총리를 거쳐 계엄 발동이 건의되었거나, 국무회의에서 계엄령 발동에 찬성했다면 중요한 내란 가담자입니다. 충분히 모든 정황을 인지할 위치에 있었으면서도 계엄 발동을 방조했고, 국회가 해제 의결을 못했다면 내란 상태 종결을 위해 노력했으리라고 믿을 만한 단 한 점의 국민적 신뢰도 받지 못하고 있는 인사입니다. 내란을 수사하고, 관련자들을 체포하고, 후속 계엄을 예방해야 하는 당면한 국정 과제 수행에 결코 적합하지 않습니다.

핵심적 내란 가담 혐의자에게 내란 수습 총책을 맡길 수는 없습니다. 국무위원들의 내란 가담 정도와 계엄 찬반 여부를 즉각 검증하여 적절한 비상 국정 대리인이 누구인지 헌법과 법률에 따라 판단해야 합니다.

한동훈 대표 또한 위헌·불법적 국정 운영을 주도할 어떤 권한도 갖고 있지 못합니다.

첫째, 당을 장악하고 있지 못합니다. 계엄 내란사태 내내 당론 결정을 주도하지 못했고, 현 시점에서도 당의 실질적 권한은 사의 표명과 재신임 쇼를 반복한 추경호 원내대표에 있으며, 기껏해야 임기가 정해진 원외 당대표일 뿐입니다. 어떤 헌법적·법률적 권한도, 실질적·정치적 권한도 없습니다.

둘째, 본인 스스로 한동훈 특검, 당 게시판 댓글 사건 등으로 정치적 궁지에 몰려 있으며 계엄 체포 대상자 리스트에 오를 만큼 윤석열과의 신뢰관계가 취약합니다. 내란 수괴와의 협의와 거래를 통해 위헌·불법적 사태를 지속하고 내란 수괴의 엄정한 처리를 방해했는지 여부 또한 조만간 확인되어야 할 것입니다.

내란 이후 내란 수괴와 가졌던 비공개 면담 내용 또한 조사나 수사의 대상이 될 것입니다. 당권 장악과 차기 대선을 도와주는 조건으로 축소 수사와 사면을 약속했는지 등도 확인되어야 합니다. 한낱 대권 놀음으로 마치 국정의 실권자가 된 듯한 착각에 빠져 위헌·불법 내란사태를 지속하고 윤석열의 살길을 열어주는 바보짓을 하지 말 것을 분명히 경고합니다.

국민의힘은 심각한 반국가 위헌·불법 세력이 되었습니다.

내란 수괴 직무 정지를 집단으로 방해하고, 내란 수괴와 통모한 혐의가 짙은 추경호 의원을 원내대표로 재추대하였습니다. 집단 최면의 늪에 빠져 대한민국 민주주의를 갉아먹는 들쥐떼가 될 것입니다. 위헌에 위헌을 더하고 불법에 불법을 밥 먹듯 하고 국민과 민주주의를 배신한 국힘은 보수 세력이 아닌 반국가 세력으로 역사의 철퇴를 맞고 사라질 것입니다. 공개 탈출만이 살길이 될 것입니다.

전 세계 앞에 K-민주주의를 만들고 계신 국민 여러분께 감사드립니다. 국민 여러분의 열정, 헌신, 문화 역량에 저희 민주당과 국회의원 모두는 가슴에서 우러나오는 눈물로 깊이 머리 숙입니다. 포기하지 않고 이번 크리스마스 이전에 내란 수괴를 직무 정지시키고 주술 정권을 끝내겠습니다. 탄핵, 특검을 따박따박 통과시키고, 엄정하고 철저한 수사가 이루어지도록 강제하고, 반드시 제2의 계엄과 북풍 공작을 막아내겠습니다.

민주당 의원들은 내란 상황이 종료될 때까지 순번에 따라 국회를 밤새 지키며 신속하게 국회로 전원 결집할 수 있는 비상 대기 상태를 유지할 것입니다.

특별히 2030세대 여러분께 깊은 감사를 드립니다. 기성세대의 부족함에 의한 불투명한 미래와 무거운 현실의 무게를 넘고 민주주의를 위해 나서 주신 여러분을 보며 죄송하고 울컥했습니다. 대한민국 민주주의가 도도하게 이어지고 있음을, 여러분이 대한민국과 세계의 민주주의 문화의 미래임을 전 세계가 보았습니다. 민주당도 더 변화하고 더 노력하여 여러분의 현재와 미래를 함께 일구어가겠습니다.

12.3 윤석열 내란 대책위원회의 기구 구성을 오늘 완료해 현 내란 상황을 종결시키는 업무를 본격적으로 진행하겠습니다.

세계 각국에 조속히 내란이 진압되고 경제가 정상화될 것임을 알리고 여행 위험국 지정을 막는 등 당과 국회 차원의 외교에도 만전을 기하겠습니다.

위험 상황이 일단락되면 당 차원의 주요국 특사 파견도 추진하겠습니다. 대통령의 직무 정지 전이든 후이든 계엄 내란에 가담하지 않은 적정한 정부 당국자들과 협력하며 국정 안정과 민생 지원을 위해 필요한 신속한 조치를 다 하겠습니다. 저 또한 대책위원장으로서 현 내란 상황이 종결되는 시기까지 귀가하지 않고 국회에서 상황을 점검하겠습니다.

대한민국 민주주의는 승리하고, 내란은 진압되고, 오늘의 시련은 새로운 K-팝, K-드라마, K-무비의 소재가 될 것입니다. 한류의 뿌리는 민주주의이기 때문입니다. 국민 여러분과 세계 시민 여러분께 감사드립니다.

김민석 최고위원 겸 12.3 윤석열 내란사태 특별대책위원장 기자회견 (24. 12. 08)

5 우선적 대안은
윤석열 긴급체포입니다

내란 7일 차입니다.

대한민국의 군 통수권은 여전히 윤석열에게 있고, 지휘계통은 불명확한 상태입니다. 이 상태로는 진정한 안보 위험과 조작된 군사 충돌 모두에 대처할 수 없습니다. 헌법상의 탄핵에 의한 직무 정지, 긴급 체포와 구속에 의한 실질적 직무 정지, 둘 중 하나를 1분 1초라도 빨리 해야 합니다.

반국가 위헌 불법 세력으로 전락하여 국민의 적이 된 국민의힘이 헌정질서를 교란하고 탄핵 투표를 방해하여 불성립시키고 있으므로, 탄핵 투표 성립과 가결 이전에 우선적 대안은 윤석열 긴급 체포입니다.

이미 윤석열은 내란 혐의로 입건되었고, 내란을 실행한 김용현은 구속되었고, 김용현이 계엄 내란의 명령자가 윤석열임을 자백하였고, 전 계엄사령관과 국방부 차관이 12.3 계엄령은 전시·준전시·치안 부재 등 발동 요건 자체를 결여하고 있는 위헌 불법임을 증언하였고, 국회와 선관위 등 국가기관이 계엄의 위헌·위법성을 명백히 하였고, 707 부대장의 국회 방해 명령 증언이 나왔고, 심각한 안보 위협과 증거 인멸 위험 등의 정황이 명백히 존재하므로 윤석열 긴급 구속의 필요성과 정당성은 차고도 넘칩니다.

공수처가 법에 따라 검찰과 경찰 수사의 이첩을 요구했습니다. 윤석열의 시급한 체포와 질서 있는 수사 진행을 위해, 공수처 지휘 하에 국수본과 군검찰이 결합하여 합동 수사가 이루어져야 합니다.

검찰의 윤석열-한동훈 라인이 내란 사건 축소, 윤석열 구속, 검찰 수사권 회복, 검찰 정권 창출 후 윤석열 사면 등의 목표 하에 시나리오 수사 기획을 시작했다고 봅니다. 검찰의 수사가 시나리오 수사로 오염되는 것을 막기 위해 한동훈 장관 시절 만든 불법 시행령에 의거한 내란 수사에 대한 긴급 수사 금지 처분과 수사본부장 탄핵도 검토하겠습니다.

한덕수 총리의 계엄 발동 찬성 여부 등 가담 정도 또한 최우선적으로 확인되어야 할 사항입니다. 중대한 결격 사유를 가진 당사자에게 내란 이후 처리의 책임을 맡길 순 없기 때문입니다.

국민의힘 의원들께 호소합니다. 국회의원은 조폭이 아니고 상인도 아닙니다. 무리의 의리를 앞세우면 조폭이 되고, 내일의 이익을 계산하면 상인이 됩니다. 헌법기관으로서 자유 투표를 요구하고 헌법과 양심에 따라 투표해 주시기 바랍니다.

대북 공격을 통한 군사 충돌을 야기하려 한 외환 유치의 죄와 관련해서도 윤석열, 김용현 등의 범죄 수사를 요구하겠습니다. 한미 양국 군 당국은 현 상황 관리를 위해 북한 측과의 군사 핫라인을 가동해야 할 것입니다.

최고위원회의(24. 12. 09)

6 정말 윤석열 복귀라는 국민적 악몽을 꿈꿉니까?

국민의힘 권성동 대행에 딱 한마디만 드리겠습니다.
윤석열 계엄 내란에 대해 국민들께 사과하십시오.
이런 상황에 사과 한마디 없는 정치를 본 적이 없습니다. 정치에도 최소한의 도리가 있는 거 아닙니까?

계엄 내란을 옹호하고,
탄핵 심판을 방해하고,
김건희를 비호하고.

권성동 대행과 국민의힘이 전광훈 자유통일당과 뭐가 다릅니까? 전두환 민정당과 뭐가 다릅니까? 정말 윤석열 복귀라는 국민적 악몽을 꿈꿉니까? 어찌 이리 뻔뻔합니까?

이렇게 새해를 맞으면 국힘의 미래는 암흑입니다. 윤석열 아바타 노릇을 해도 나 하나는 살겠지 하는 암흑의 주술에서 벗어나, 당과 보수 세력 전체와 나라와 국민까지 수렁으로 끌고 들어가지 말기 바랍니다.

최고위원회의(24. 12. 23)

7 헌재 구성 방해는
국민이 결코 용납하지 않을 것입니다

헌재의 완전체 구성은 현 시점에서 내란 척결을 위한 대한민국 민주주의의 절대 필요이자 최소 원칙입니다.

헌재 구성 방해는 국민이 결코 용납하지 않을 것입니다. 6명으로 가다가 4명이 되길 기다려 아예 내란 심판 원천 불가와 권한대행 영구 지속의 대혼란으로 가자는 겁니까? 국가와 경제를 망치려는 무책임한 음모입니다.

헌재의 심판을 원천 방해하려는 한덕수, 헌재 심판을 방해하고 내란을 비호·선전하는 권성동 등은 민주사회의 구성원 자격이 없는 내란 공범입니다. 국민과 함께 끝까지 책임을 묻겠습니다. 한덕수 대행은 김용현의 진술로 이제 철저한 수사의 대상이 되었습니다.

윤석열 내란 일당은 대한민국 민주헌정사에서 영원히 폐족될 것입니다.

그리고 공수처에 요청합니다. 윤석열을 조속히 체포하십시오.
국민의 강력한 요구입니다. 국민을 믿고 단호하게 하십시오.

최고위원회의(24. 12. 27)

3장

극우준동과 내란비호

1. 지금 내란 청소 책임자는 최 대행입니다

최상목 대행에게 묻습니다.
청소차가 쓰레기를 안 치우면, 쓰레기가 더 나쁩니까, 청소차가 더 나쁩니까? 쓰레기를 방치하는 청소차는 징계합니까, 묵인합니까?

지금 내란 청소 책임자는 최 대행입니다.
내란 수습을 방치하는 이유가 혹 계엄 쪽지 원죄 때문입니까?

헌재 임명도, 영장 협조도, 특검 의뢰도 거부하고 헌법 무시, 직무 유기로 경제 불안을 키우는 진짜 이유가 뭡니까?

윤석열 체포를 바로 못 한 무정부적 혼란은 결국 다 최 대행의 책임입니다. 경호처 간부 긴급 체포도 최 대행이 중심을 잡아야 합니다.

내란을 일으킨 윤석열과 내란 쓰레기를 들쥐처럼 퍼뜨리는 내란비호 세력 국힘뿐 아니라, 수습을 방치하는 최 대행의 시장 신뢰 저하와 경제 악화 책임도 결코 좌시하지 않겠습니다.

최고위원회의(25. 01. 06)

2 민심은 내란을 빨리 정리하고 경제를 살려달란 겁니다

헌정 파탄에 더한 민생 파탄의 위기입니다. 윤석열이 죽인 경제의 회생을 국힘과 최상목 대행이 막고 있습니다. 윤석열-국힘-최상목 대행이 민생 파탄 삼두마차입니다.

소비 심리 냉각의 소비 절벽과 채무 증가에 체감 경제는 코로나 때보다 나쁩니다. 국제사회는 대한민국의 법 집행을 주시하고, 모든 경제 지표는 윤석열이 버틸수록 바닥입니다. 법 집행이 불발할 때마다 환율은 출렁입니다.

내란 척결 방해는 내란 공범을 넘어 민생 경제 파괴의 공범입니다. 윤석열 체포를 방해하고 민생 고통을 연장하는 국힘과 최상목 대행에겐 경제와 민생을 입에 올릴 자격도 명분도 없습니다.

민심은 명확합니다. 내란을 빨리 정리하고 경제를 살려달란 겁니다. 소환에도 체포에도 특검에도 헌재에도 지연 작전인 윤석열을 살리자고 경제와 민생을 죽일 건지 국힘과 최상목 대행은 답해야 합니다.

권성동, 나경원, 윤상현 등 국힘 중진의 온갖 억지는 한마디로 민생의 고통과 혼란을 마냥 끌자는 거 아닙니까?

내란 수괴 윤석열은 결국 헌재가 파면하겠지만, 내란 수습을 지연시키고 장기화해 경제와 민생을 파탄시킨 책임은 두고두고 국힘과 최상목 대행의 몫이 될 것입니다. 원만하고 신속한 체포를 지휘하고 협조하십시오. 국민과 대한민국을 생각할 때입니다.

최고위원회의(25. 01. 13)

3 법원 폭동은 충격입니다

법원 폭동은 충격입니다.
폭력의 직접 책임과 함께 조장·선동한 책임, 비호한 책임, 막지 못한 책임을 다 물어야 재발을 막을 수 있습니다.

태극기와 성조기를 흔들며 폭력을 행사하는 모습은 국제적으로도 망신이었습니다. 이런 모습이 대한민국의 국격과 경제는 물론 한미동맹에 무슨 도움이 되겠습니까?

특별히 전광훈 집회의 책임을 엄정히 짚을 때가 되었습니다. 탄핵 반대 집회에 동원 알바비 지급을 공언하고, 공수처 인근 분신 사건 후에는 효과 있는 죽음의 기회를 주겠다고 망언하고, 서울구치소에서 윤석열을 강제로 데리고 나와야 한다고 선동하고, 서부지법 앞으로 모이자고 주도했습니다.

무엇보다 헌법을 부정하고 폭력을 조장하는 국민저항권이라는 해괴한 개념을 내세운 것은 반국가 세력 척결을 내란의 명분으로 삼았던 윤석열과 똑같은 가짜 자유민주주의 파쇼 논리입니다. 자유민주주의를 파괴하고 폭력을 조장하는 전광훈식 극단주의가 민주헌정의 새로운 최대 위협 요인입니다.

윤석열 주술 권력이 몰락하는 과정에서 온갖 이단과 극단주의 세력이 자유민주주의를 위장한 폭력의 주역으로 나선다는 우려가 많습니다. 법원 폭동에 대한 철저한 단죄와 함께, 그 배후도 철저히 조사하고 이런 극단 세력과 절연해야 회복과 성장의 희망을 만들 수 있을 것입니다.

편들 걸 편들어야 합니다. 폭력을 편들면서 보수와 자유민주주의를 주장할 자격은 없습니다.

최고위원회의(25. 01. 20)

4. 국힘은 반드시 극단주의와 절연해야 합니다

국힘 권영세 비대위원장과 권성동 원내대표에게 묻습니다.

22대 총선 부정선거론에 동의합니까? 그렇다면 총선 관리를 책임진 이상민 전 행안부 장관과 김용빈 선관위 사무총장을 왜 그대로 뒀습니까?
12.3 계엄이 헌법상 발동 요건을 갖춘 합법 행위였습니까?
국회 봉쇄, 비상입법기구 설치, 정치인 체포 지시가 위헌이 아닙니까?
서부지법 폭동이 정당합니까?
법원 판결이 맘에 안 들면 폭동이 허용돼도 됩니까? 폭력을 선동한 세력을 용인해야 합니까?

이런 헌정질서 문란 주장과 행위에 명백히 선을 긋지 못하는 국힘이 무슨 정상적 보수정당입니까? 어쩌다 법치주의를 내세우던 집권여당이 사법체계 전반을 부정하는 찌질한 당이 되어버렸습니까?

교섭단체 대표연설 등 공식 입장을 명확히 밝히길 요구합니다. 윤석열은 내란을 일으키고 전광훈과 극우 유튜버들은 폭동을 선동하고 국힘 의원들은 내란과 폭동을 옹호합니다.

윤석열, 전광훈, 극우 유튜버, 국힘 내 극우 의원들의 극단주의 카르텔, '극우 사이비 세력'이야말로 국정 혼란과 불안을 가중시키는 악의 축이며, 국힘은 그 숙주가 되었습니다.

가짜뉴스를 양산하고 폭동을 일으키고 사법체계와 헌재를 부정하는 극단주의 헌정질서 파괴 세력을 격리하지 않고는 민주주의와 경제 회복은 불가능합니다.

내란 심판에 동의하는 모든 세력이 '민주헌정수호연합'을 구성해서 대한민국 민주주의 회복을 위해 힘을 모을 것을 제안합니다. 이대로 극단주의를 방치하면 대한민국 민주주의는 끊임없는 혼란에 빠질 것입니다. 국힘은 반드시 극단주의와 절연해야 합니다.

최고위원회의(25. 01. 31)

5 극우가 점입가경입니다

극우가 점입가경입니다. 영상 보겠습니다.

영상 1. 전광훈
이쯤 되면 광기입니다. 최소한 특수협박입니다. 방검복을 입어야 됩니까? 윤석열의 내란 광기가 전염되고 있습니다.

영상 2. 전한길·박수영·윤상현
서부지법 폭동을 선동했던 전광훈의 광화문파는 욕설과 "죽여"를 외치고, 속칭 여의도파의 부산 집회에서 헌재를 휩쓸자는 주장과 국힘 의원들의 맞장구가 난무했습니다.

여의도파를 이끄는 세계로교회 설교는 이재명 대표 비난이 단골 메뉴이고, 이재명 대표 테러범을 태워준 벤츠 차주도 이 교회 소속 교인인데 수사받지 않았습니다. 이상합니다.

최근 광화문파와 여의도파 상호 비난의 배경에 다단계 이권 다툼이 있다는 극우 유튜버들의 분석조차 나옵니다. 극우는 결국 누가 더 극단적인가를 겨루는 폭력 경쟁으로 치달을 것입니다.

국힘 의원과 지도부가 이런 헌정파괴 폭력 선동의 숙주가 되어서야 되겠습니까? 헌재 불복을 빌드업하다가 나라를 완전히 폭력 난동으로 망칠 겁니까? 정신 차리고 극우 폭력 선동과 선을 그으십시오.

조국혁신당의 '내란종식원탁회의' 제안을 환영합니다. 우리 당의 민주헌정수호연합 구성 제안과 맥을 같이합니다. 내란 세력, 극우 세력의 헌정파괴에 맞서는 모든 세력이 힘을 모아야 합니다. 실무 논의를 시작하게 되길 바랍니다.

최고위원회의(25. 02. 03)

6 윤석열은 왜 12월 3일을 택일했을까요?

윤석열은 왜 12월 3일을 택일했을까요?

12월 2일과 3일에 걸쳐 명태균 측이 황금폰 공개와 특검을 압박하자, 윤석열이 "쫄아서" 그날 밤 계엄을 실행했다는 명태균 씨 발언이 나왔습니다. 저는 감옥엔 절대 안 간다는 김건희의 생존욕이 계엄 준비의 근본 동기라고 생각해 왔습니다. 명태균 발언은 사실일 가능성이 높습니다. 밝혀야 합니다.

계엄 직전까지 속도가 붙던 창원지검의 명태균 수사 관련 소식이 사라졌습니다. 검찰의 황금폰 폐기 교사설마저 나왔습니다. 명태균 씨의 입이 열리면 홍준표, 오세훈, 이준석 등 국힘 계열 정치인들의 줄초상이 날 거라는 의혹이 맞는지, 겉으로는 윤석열을 지키는 척하면서 실제로는 명태균을 덮으려는 것이 국힘의 실제 더 큰 관심은 아닌지도 밝혀야 합니다.

창원지검의 명태균 관련 수사 인지도와 내용을 다 밝힐 것을 요구합니다. 명태균 게이트는 윤건희 게이트이자 국힘 게이트입니다. 내란정당, 극우

정당이자 공천비리 부패정당인 국힘의 판도라 상자에 햇볕을 쏘일 때가 되었습니다.

국힘에 한마디만 더 합니다.
아무리 입만 열면 이재명 대표 시비 거는 게 일이지만, 내놓고 체포조 모집 운운하는 국힘 지지자 모임에 자제 요청 한마디 안 하는 정당이 정상입니까? 최소한의 상식과 기본을 회복하기 바랍니다.

최고위원회의(25. 02. 05)

7 명태균 게이트 특검을
반드시 도입해야 합니다

대왕고래는 정부 여당과 대통령이 다 나선 대사기극이었습니다. 윤석열은 그 사기극 예산이 깎인 것을 대표적 계엄 명분의 하나로 내세웠습니다. 사기극을 명분으로 더 큰 사기극을 벌인 겁니다.

국힘은 정말로 이런 왕사기꾼을 대통령으로 복귀시키겠다는 겁니까? 권영세 비대위원장과 국힘 의원들이 바로 어제까지도 민주당을 비난하며 대왕고래 예산을 살리겠다고 큰소리를 쳤습니다. 대국민 사기극에 함께하고 이번에도 사과 한마디 안 할 겁니까?

명색이 여당인 국힘이 역도의 무리인 역당이 되어버린 후에 국힘에서 사과라는 단어가 사라졌습니다. 권영세-권성동 체제에서 윤석열의 뻔뻔한 후안무치는 아예 당의 정체성으로 정립되고 강화되었습니다. 명백한 잘못에는 사과하는 것이 정치의 기본 아닙니까? 국민들께 대왕고래 사기극을 사과하십시오. 그리고 진지하게 추경 논의를 시작합시다.

명태균을 덮기 위해 계엄을 발동했다는 의혹이 점점 사실로 굳어지고 있습니다. 명태균의 "쫄아서" 발언이 나왔고, 윤석열이 명태균 사건을 언급하며 비상대책 필요를 언급했다는 김용현의 검찰 조사 내용도 나왔습니다.

김건희와 윤석열의 비리가 드러나고 김건희가 감옥 가는 것을 막기 위해 계엄을 한 것인지를 밝혀야 합니다. 창원지검의 명태균 수사팀은 사실상 해체되었습니다. 명태균-김건희로 이어지는 계엄 동기의 뿌리를 밝히기 위해 명태균 게이트 특검을 반드시 도입해야 합니다.

최고위원회의(25. 02. 07)

8 즉각 명태균특검법을 공포하기 바랍니다

윤석열-명태균 통화 녹음이 나와도 명태균특검법을 반대하는 국힘은 이제 내놓고 범죄 방탄 패거리가 되었습니다. 내란의 방아쇠와 공천개입을 규명할 명태균특검을 반대하는 유일한 명분은 국힘과 국힘 대선주자들의 초토화를 막는다는 것입니다.

이쯤 되면 범죄집단의 집단 자백입니다. 국힘이 초토화될 정도로 문제가 있다면 당연히 국민이 알아야 하는 것 아닙니까? 국민의 알 권리를 뭉개고 또 윤석열 같은 부적격 후보들을 줄줄이 내세워서 나라를 초토화하겠다는 겁니까?

최상목 대행도 내놓고 내란 비호와 국힘 편들기에 나섰습니다. 헌재 결정까지 났는데 웬 정무적 판단입니까? 최 대행이 정치인입니까? 만의 하나 명태균특검법도 재의요구권 행사를 정무적으로 판단할 심산이라면 오늘 당장 대행의 옷을 벗고 내란당 국힘에 입당 선언을 하십시오.

최소한의 형식적 명분조차 없이 중립을 가장한 최 대행의 정치 행위야말로 국가의 정상화와 경제 회복을 막는 주범입니다. 즉각 명태균특검법을 공포하기 바랍니다.

최고위원회의(25. 02. 28)

9 집회사기는 처음 봅니다

하다하다 특정 지역 시민 집회를 참칭하는 집회사기는 처음 봅니다.

민주주의의 도시에서 계엄을 옹호한 극우 광주 집회는 주력이 광주시민이 아닌 외지인 집회였고, 버스 타고 왔다가 버스 타고 사라진 떴다방 버스 동원 집회였고, 광주 집회를 가장해 내란 장사를 의도한 타락한 사기극이었습니다.

그 집회가 광주시민의 집회였다고 떳떳하게 얘기할 수 있습니까? 터무니없는 지역주의 프레임으로 사기극을 옹호한 권성동 원내대표는 과연 제정신입니까?

외지인 버스 동원 사기극을 광주 집회로 분칠하는 데 여당 지도부가 직접 나섰습니까?
내란 옹호를 위해 법원 폭동 비호에 이어 집회사기 비호까지 나서는 국힘과 권성동 원내대표 정말 정신 차리십시오.

최고위원회의(25. 02. 17)

10 계엄내란 비호세력에
국민 분노가 터져 나오고 있습니다

최상목 대행이 정치적 불확실성으로 민생 경제가 어렵다며, 국정협의회에서 자신을 배제한 데 유감을 표시했습니다. 황당하고 오만한 유체이탈입니다.

가장 큰 정치적 불확실성을 야기하고 있는 당사자가 바로 내란범 윤석열에 보은하려고 헌재 결정조차 무시·배제하고 있는 최상목 본인 아닙니까?

경제를 살리려면 어설픈 정치 말고 헌법과 법률부터 지키십시오. 헌재 결정 무시, 상설특검 임명의무 무시, 도대체 최상목 대행은 헌법과 법률을 뭘로 봅니까? 윤석열의 내란 쪽지처럼 헌법과 법률도 안 봤다고 할 겁니까?

사적 보은을 위해 검찰 조직을 흔들고 검사들을 파렴치한 불법 체포·구금 법법자로 만든 심우정 총장에 대한 일선 검사들의 반발이 이어지고 있습니다. 종전대로 구속 기간을 날로 산정하라는 대검 지시가 드러나면서 검찰은 윤석열 바라기 바보임이 천하에 드러났습니다. 검찰총장 바보! 이런 소리가 안 들립니까? 추상같은 법리와 기개를 놓친 검찰총장은 또 무슨 존재 이유가 있습니까?

윤석열의 구속 취소는 국민의 역린을 건드렸습니다. 최상목 대행이든 심우정 검찰총장이든 계엄내란을 비호하려는 모든 세력에 대한 마지막 분노가 터져 나오고 있습니다. 일말의 양식이 있으면 벌써 물러났어야 합니다.

국민의 분노를 가라앉히는 길은 헌재가 예정과 순리대로 결론을 내리는 것입니다.

국민도 여야 정치권도 한목소리로 조속한 선고를 요청하고 있습니다. 선고를 늦추라는 목소리가 하나도 없지 않습니까? 이제 결정의 시간입니다. 헌재는 책임감을 갖고 국가 정상화의 문을 열어야 합니다.

최고위원회의(25. 03. 12)

11   내란비호를 넘어
       폭력 선동으로 폭주하는 겁니까?

대한민국 극우 전선에 전광훈, 전한길에 이어 전두환 아들 전재국까지 등장했습니다. 난데없는 '쓰리 전'입니다. "윤석열이 파면되면 유혈사태"라는 전한길과, "부정선거 운운하며 피 흘릴 준비가 되어 있냐"는 전재국의 발언이 섬뜩하고 불길합니다. 전광훈이 선동했던 법원 폭동을 헌재에서 재현하려 하는 극우 폭력의 불씨를 반드시 미리 잡아야 합니다.

'헌재를 때려부수자'는 서천호 의원의 폭력 선동마저 비호하는 국힘은 이재명 반대만 외치면 된다는 집단 환각에서 깨어나 정말 정신 차려야 합니다.

내란비호를 넘어 폭력 선동으로 폭주하는 겁니까?

헌재 판결 이후 평화적인 국가 정상화가 최대의 국가적 과제입니다. 폭력의 씨앗은 윤석열이 뿌렸지만 헌재 판결 이후의 폭력사태를 막는 것은 전적으로 국힘의 책임이 될 것입니다.

헌재 승복, 폭력 불가로 헌재 판결 전에 명확히 선을 그어야 합니다. 국힘의 지도부와 의원, 대선 희망자들이 모두 나서서 한목소리로 극우 폭력의 불씨를 냉각시키지 않으면 국힘은 영원히 아웃될 것입니다.

부디, 나라부터 생각하기 바랍니다.

최고위원회의(25. 03. 07)

12 윤석열 내란 하청의 역사적 책임은 반드시 묻겠습니다

역사적 카운트다운이 시작되었습니다.
헌법 수호냐 헌법 파괴냐?
헌재 수호냐 헌재 방해냐?

헌법과 헌재 수호가 정의고, 헌법과 헌재 침해는 불의입니다.
윤석열의 헌법 파괴를 심판하는 헌재를 응원하고, 극우 세력의 압박에서 지켜야 합니다. 헌법 파괴자 윤석열을 풀어놓은 심우정의 책임부터 묻겠습니다.

헌재의 완결적 구성을 방해해 온 최상목 대행의 책임은 더 근본적입니다. 경제의 책임자임을 방패로 민생을 인질 삼아 헌법 파괴와 헌재 무시의 책임을 마냥 뭉개온 범죄적 뻔뻔함을 규탄합니다.

마은혁 재판관을 임명하고 명태균특검법을 공포할 것을 요구합니다. 이번 주가 최종 시한입니다.

경제 무능, 헌법 파괴 최상목을 탄핵하라는 국민의 요구가 급속히 높아지고 있음을 가벼이 보지 마십시오. 윤석열 내란 하청의 역사적 책임은 반드시 묻겠습니다.

민주당은 국민과 함께 헌법과 헌재를 지키겠습니다.

최고위원회의(25. 03. 10)

13 윤석열 복귀작전이 펼쳐지고 있습니다

윤석열 복귀작전이 펼쳐지고 있습니다.

헌재 선고가 비정상적으로 지연되는 현 상황을, 윤석열 복귀와 제2계엄을 위한 총체적 지연 작전 때문으로 판단합니다.

한덕수, 최상목의 마은혁 임명 거부라는 결정적 노림수 위에 시간 끌기가 진행되어왔다고 봅니다.

헌재 재판관 두 명이 퇴임하는 4월 18일 이후까지 시간을 끈 후에, 한덕수 대행의 공석 재판관 임명을 통해, 판을 뒤집어 윤석열을 복귀시키려는 반국민적·반헌법적 음모입니다.

9인 완전체 저지, 파면 결정 지연, 탄핵 기각과 윤석열 복귀의 끝은 끔찍하고 무자비한 2차 계엄입니다. 계엄이 일상화되는 군사통치의 시작입니다.

대한민국은 눈뜨고 당하지 않을 것입니다.

한덕수 대행은 4월 1일까지 마은혁 재판관을 반드시 임명하십시오. 충분한 판단의 시간이 지났습니다. 헌재 판결로 복귀한 한 대행이 헌재의 판결을 어기고 마은혁 재판관을 임명하지 않는 것은 위헌·위법이고 재판 개입입니다.

헌재도 국회의장이 제기한 임시지위 가처분 신청을 신속히 인용해서 헌재의 위헌적 불완전 상태를 자체적으로 치유해야 합니다.

윤석열이 돌아오면 대한민국은 무너집니다. 국회는 제2계엄 음모를 반드시 막기 위해 국민과 함께 단호히 결단하고 행동해 가겠습니다.

공동 기자간담회(25.03.30)

4장

탄핵촉구,
현재가 답할 때

1 윤석열 파면
국힘당 해산

아, 반갑습니다. 그리고 감사합니다.
당에 있으니까, 그리고 정치를 하니까 사실은 조금은 더 냉철해야 하고, 조금은 더 상황을 이렇게 바라보면서 잘 대처해야지 이런 생각을 합니다. 그래야 되겠죠?

근데 제가 아주 솔직히 말씀드리면, 제가 오늘 와서 말씀을 드려야 되는데, 사실 말씀드리기가 좀 어렵더라고요. 평상심이 잘 돌아오지 않아요. 분노 테스트를 하는 것 같아요. 너무 화가 나요.

요 며칠은, 특히 오늘은 정말 너무 화가 났습니다. 아, 제가 무슨 말씀을 와서 드려야지 하고 생각이 안 날 정도로 화가 날 때, 참 공교롭게 누가 열받지 말고 마음을 가라앉히라고 시를 하나 보내줬는데, 제가 평소에는 이런 짓 안 해요. 시 같이 읽고 이런 거 안 하는데, 제가 이제 딱 제일 앞과 제일 뒤만 나누고 싶었습니다.

〈그래도라는 섬이 있다〉 김승희의 시인데, 이렇게 시작을 하더군요.

가장 낮은 곳에
젖은 낙엽보다 더 낮은 곳에
그래도라는 섬이 있다
그래도 살아가는 사람들
그래도 사랑의 불은 꺼뜨리지 않고 사는 사람들

그리고 이렇게 끝나더군요.

그래도 부둥켜 안고
그래도 손만 놓지 않는다면
언젠가 강을 다 건너 빛의 뗏목에 올라서리라
어디엔가 걱정 근심 다 내려놓은 평화로운
그래도 거기에서 만날 수 있으리라

윤석열이라는 미친 자가 우리가 너무나 사랑하는 우리의 나라, 우리가 사랑하는 조국 대한민국을 엉망으로 만들어 놨는데, 그래도 우리가 완전히 나락으로 가는 것을 바로 여기 계신 분들이 막아내고 살려내고, 그래서 여러분들께 너무나 감사하고, 여러분들 모두에게 스스로 박수로 서로를 격려하시기를 부탁드립니다.

대한민국에 군사 쿠데타라는 이야기는 이제 정말 영화 〈서울의 봄〉에서나 볼 수 있는 40년 전에 지나간 역사인 줄 알았는데, 한 줌의 정치군인들이 다시 역사에서 볼 수 있었던 그런 군사 쿠데타로 자기들의 영달을 꾀하려고 했는데, 그래도 이 나라에 우리의 아들들이, 젊은 병사들이 놀라운 절제를 발휘해서 그들의 군사 쿠데타를 무산시켰습니다. 이 시간에도 추위에서 대한민국을 지키고 있는 우리의 젊은 병사들에게 뜨거운 박수를 보내줍시다.

대한민국의 공직의 녹을 먹었던 그러한 공직자들 중에 그래도 몇은 있을 줄 알았는데, 대한민국의 국무회의를 구성하고 있는 사람들이 어쩌면 그렇게 하나같이 하릴없이 무너졌는지, 어쩌면 그렇게 마치 일제 마지막 나라가 넘어갈 때 그 친일 내각을 보는 것처럼 우리 모두를 부끄럽게 했는지.

그런데 그 내각의 제일 현지 정점이라는 권한을 대행하고 있다는 한덕수라는 자가 여섯 명이 이제 완전체가 안 되는데, 그 여섯 명을 아홉 명으로 채우지 못하겠다면 도대체 어떻게 하자는 겁니까? 여섯 명을 그대로 끌고 가면 네 달 후에는 네 명이 되고, 그러면 한덕수가 윤석열 대신 대대로 권한대행을 해먹겠다는 겁니까?

그래서 따박따박 탄핵할 겁니다. 내일 탄핵하는 거 찬성하시죠?
그래도 이 나라의 녹을 먹었던 공직자 중에 하나쯤은, 한덕수, 그다음에는 헌정을 지키고 국민이 원하는 대로 헌재의 재판관을 국회에서 정한 대로 임명할 그런 공직자가 있으리라는 믿음과 기대를 걸고 따박따박 탄핵하겠습니다.

윤석열을 체포해야 하는데, 우리가 지금 대한민국의 국민이 원하는 대로 헌법과 법률에 따라 민주주의의 정신을 지키며 제대로 윤석열한테 큰소리치면서 윤석열을 잡아올 만한 그런 수사기관을 아직도 가지고 있지 못한 것이 현실입니다. 공수처는 약하고, 검찰은 믿지 못하겠고, 경찰도 아직 그렇습니다. 그러나 힘을 모아 반드시 일을 해야 합니다.

오늘 공수처가 3차 소환장을 발부한다고 합니다. 이번 일요일, 이제 더 이상은 기다릴 수가 없으니, 우리가 아직 힘도 약하고 경험도 부족하고 숫자도 모자란 공수처에 이렇게 외쳐서 힘을 모아줍시다. 이번 일요일 날 3차 소환, 소환에 응하지 않으면 윤석열은 반드시 체포되고 구속되어야 하니, 우리가 공수처에 힘을 주는 의미에서 외칩시다.

윤석열을 체포하라! 윤석열을 구속하라!
그래도 싸우실 거죠? 그래도 우리가 이길 것을 확신하시죠?
그래서 제가 사실 오늘 정말 마음이 힘들었거든요. 제가 어디 가서 이 우는 소리를 잘 안 하는데, 우리 여러분 앞에 가서 제가 이렇게 속이 상했다면 정말 속이 상한 거거든요. 너무 화가 났는데 저뿐만이 아니라 국회의원이라는 이유 하나로 여러분과 함께 싸우고, 여러분을 대신해서 지금 여의도에서 싸우고 있는 국회의원들이 모두 복장이 터져서 속이 문드러질 정도로 화가 나지만, 그래도 여러분들이 계시기 때문에 우리는 그래도 부둥켜 안고, 그래도 손만 놓지 않는다면, 언젠가 강을 다 건너 빛의 뗏목에 올라설 것이라는 확신을 가지고, 이 빛의 혁명, 우리가 승리해 낼 때까지 같이 싸웁시다.

끝까지 여러분과 함께 싸워서 반드시 승리하겠습니다.
감사합니다.

촛불문화제 연설(24. 12. 26)

2 야 5당
탄핵 촉구

2025년 3월 8일, 지금 이 시간. 윤석열은 어디에 있습니까?

윤석열은 100일 후에는 어디에 있겠습니까? 그 윤석열이 내년에는 어디에 있겠습니까? 분명히 말씀드립니다. 내란 수괴 윤석열은 100일 후에도, 내년에도 감옥에 있을 것입니다! 딱 하나, 신분만 달라질 것입니다. 오늘은 직무 정지된 대통령으로 감옥에 있지만, 100일 후의 윤석열, 2026년의 윤석열은 파면된 전직으로 감옥에 있을 것입니다!

대통령일 때는 내란으로, 파면된 후에는 특수공무집행방해 교사로, 그의 죄는 줄을 서 있습니다.

오늘의 구속 취소 논란, 이 상황은 전적으로 심우정 검찰총장이 책임지고 풀어야 합니다. 즉시 항고하지 않으면, 자기 부정이고 자기모순이고 직무 유기이고 윤석열 풀어주려는 기획 음모가 될 것입니다. 그렇지 않습니까? 게다가 심우정 본인이 막판에 검사장 회의를 개최해서 시간을 끌어서 이렇게 된 거 아닙니까?

석방지휘를 결정한다면 심우정 본인의 자기 탄핵 선언이 될 것이고, 김건희 집안의 마약 사건 연루를 덮어주고 검찰총장을 상으로 받았다, 그 풍문을 확인하는 출발점이 될 것입니다. 절대 용납하지 않고 책임을 물어야 하는데 함께 책임을 물으시겠습니까?

그러나 이번 절차 논란은 윤석열 파면과는 100% 상관이 없습니다. 박범계 전 법무부 장관님의 말씀을 들으셨죠? 정청래 법사위원장의 탁월한 최후 변론 들으셨죠?
파면 자신 있으시죠? 이제 선고만 남았습니다.

여러분, 윤석열 구속 취소를 한다니까 국힘이 겉으로는 엄청 좋아하는 것처럼 보이시죠?
속으로는 "쫄았다" 그 기사도 보셨습니까? 윤석열이 나와서 개판치고 더 엉망 될까 봐 쫄았다. 윤석열은 이미 존재 자체가 민폐입니다.

윤석열은 반드시 파면될 것입니다! 국민의 여론은 명백합니다. 모든 여론조사에서 윤석열 파면 여론이 높고, 중도층의 파면 여론도 명확합니다. 그러나 지금은 긴장하고, 긴장하고, 또 긴장해야 할 때입니다. 모든 끝에는 깔딱 고개가 있습니다.

지금이 그 마지막 고개의 시작입니다. 우리가 지금 할 일은 헌재의 결정을 방해하고 협박하는 극우 세력으로부터 헌재를 지켜내는 것입니다. 전광훈이 나서고, 전한길이 나서더니, 이제는 급기야 전두환 아들까지 나섰답니다. 그대로 두실 겁니까? 국힘 국회의원들은 아예 헌재를 쳐부수자고 나섰습니다. 저들은 난장판에 폭력사태를 일으킬 것입니다.

국민이, 우리가, 헌재를 안전하게 지켜야 합니다. 윤석열에게, 국힘에게, 그리고 극우 세력들에게 헌재 결정에 승복을 약속하라 이렇게 요구해야 합니다. 헌재가 예정대로 결정할 수 있도록 응원합시다. 이제 이렇게 힘을 보태줍시다. 흔들리지 말고, 국민을 믿고, 헌법과 양심에 따라 결정하라, 헌재를 위해 뜨거운 응원의 박수를 보내줍시다.

야 5당은 내란진압과 위기극복의 길을 함께 갈 것입니다. 계엄군을 막아주신 국민 여러분들의 그 뜨거움을 저희는 잊지 않고 있습니다. 감사합니다. 이재명 민주당 대표부터 모든 민주당 의원들, 당원들 그리고 야 5당의 모든 성원들이 국민 여러분께 감사하면서 마지막까지 힘을 다하겠습니다. 자신감을 갖고, 치열하게 빛의 혁명 마지막 고개를 함께 넘어갑시다.

우리가 승리할 겁니다!
감사합니다.

광화문 범국민대회 연설(25. 03. 08)

3 꽝 연설

저는 이번 일을 겪으면서 생각을 그냥 간단하게 몇 가지 좀 솔직하게 말씀드리고 싶습니다.

윤석열이가 나오는 거를 보면서 열받으셨죠? 그리고 계엄 나고 잠 못 자다가 요새 조금 잘 만했는데 또 잠이 안 오잖아요. 헌재가 혹시 너무나 당연할 거라고 생각했던 그런 결론을 안 낼까 봐 좀 거시기하고 신경 쓰이시죠?

근데 저는 이런 생각이 들었습니다. 우리가 세상을 살다 보면, 인생사도 그렇고 세상사도 그렇고, 이게 땡 잡은 줄 알았는데 꽝인 경우가 있고, 꽝인 줄 알았는데 땡이 된 경우가 있고, 그런 경험 없으세요? 그런 경험이 있습니다.

이게 분명히 땡 잡았다고 생각했는데 꽝 되는 그런 경우가 있거든요. 12월 3일, 윤석열이 땡 잡는 줄 알고 저지른 겁니다, 사실은. 그러지 않았겠어요? 김건희도 감옥 가는 거 막고 자기 권력을 영구화할 수 있다고 생각하고, 그야말로 확실하게 내 인생에 배팅한다고 생각하고 한 겁니다.

근데 어떻게 됐습니까? 우리가 3년은 너무 길다고 했지만 실제로는 우리가 이 광화문 광장에 나와서 탄핵을 하기 위해서 싸우기 시작했지만, 그 탄핵의 길이 그다지 평탄치 않을 수도 있었을 그때 윤석열이가 지가 똥볼을 차고 꽝 하고 죽는 무덤을 판 겁니다. 그렇지 않습니까?

이번에도 땡 잡았다고 생각하겠죠. 그러나 어떻게 될 것 같습니까? 꽝 될 겁니다. 갑자기 김치찌개도 먹고, 갑자기 밖에도 나와서, 갑자기 이게 웬 땡이냐고 생각하겠지만 결국 꽝 될 겁니다. 우리가 윤석열이가 나와서 훨씬 더 설치겠지 생각했는데 생각보다 조용하잖아요. 왜? 쫄아서 그렇습니다. 나왔다 들어가는 건 100배 더 무섭거든요.

나와 보니까 다시 들어가는 건 정말 못 견딜 것 같거든요. 죽을 것 같은 그 공포!
지가 저지른 죄가 있기 때문에 쫄아가지고 저러고 있는 것입니다. 그러나 그 땡은 반드시 결국은 꽝이 될 것입니다.

우리는 사실 꽝 된 줄 알았잖아요. 12월 3일 날 "으악"이었잖아요, 사실. 말이 안 되는 일이 벌어졌던 거 아닙니까? 그러나 말씀드렸듯이 너무 길었던 3년을 줄일 수 있는 그런 똥볼을 지가 알아서 찬 거 아닙니까?

이번에도 너무 화나고 잠도 안 오고 열받지만, 사실 저는 생각했습니다. 저는 윤석열 석방 이후에 인생사라는 게 과연 이번에 갖는 의미는 무엇일까 생각했습니다. 그리고 어제 우리가 이곳에 민주당 국회의원들이 다 모여서, 이곳에 나오기 전에 어제 국회 로텐더홀에 함께 있는 우리 동료 국회의원들, 여러분들께서 뽑아주시고 여러분들께서 지켜주시고 국민들께서 함께 이 자리까지 오게 해주신 우리들이 그 로텐더홀에 있는 모습을 보면서 저는 깨달았습니다.

아! 우리가 이 빛의 혁명 과정이 너무 쉽게 끝나는 게 아니라는 것을 깨닫게 하기 위해서 이 일이 있었구나. 우리가 이 과정에서 동지들을 보고 이렇게 뭉치게 하기 위해서 일이 있었구나. 우리가 저들의 카르텔이 그리 간단하지 않다는 것을 뼈로 절감하게 하기 위해서 겪게 하는구나. 이번 빛의 혁명에서 시작만 아니라 마지막까지 시민들과 함께, 국민과 함께하라는 것을 우리에게 깨우치기 위해서 국회부터 광화문까지 매일 걷고, 시민들과 함께 국민들과 함께 이겨라! 그것을 우리에게 깨우치게 하기 위한 숨겨진 축복으로 만들어야 한다, 저는 그렇게 생각합니다.

여러분, 세상을 살다 보면 땡이 꽝 될 때도 있고 꽝이 땡 될 때도 있지만, 분명한 것은 모든 땡이 꽝 되지 않습니다. 모든 꽝이 땡 되지 않습니다.

어떤 땡이 꽝 되느냐? 헛꿈을 꾸는 이들의 땡들이 꽝 되는 겁니다. 윤석열의 헛꿈은 꽝이 될 것입니다. 꽝인 줄 알았던 것이 어떻게 축복이 되느냐? 국민들과 함께할 때, 시민들과 함께할 때, 올바른 길을 걸을 때, 김대중이 고통의 길을 걸어서 마침내 고통을 축복으로 만들었던 것처럼 지금 우리는 여러분이 우리를 지켜주고, 여러분이 이재명을 지켜주고, 여러분이 민주당과 함께하기 때문에, 이 빛의 혁명, 시민들과 함께 시작했던 빛의 혁명의 끝도 여러분과 함께 승리로 만들 것입니다.

여러분, 한번 생각해 봅시다.
저들이 윤석열을 내보내지 않았으면 우리가 다시 이렇게 절박해졌겠습니까? 이 일이 있었기 때문에 우리가 이렇게 광화문에 앉아보는 거 아닙니까? 그리고 우리가 각오하는 거 아닙니까?

이번 혁명은 지난번처럼 실패하지 않겠다, 그렇게 각오하겠습니다. 그리고 반드시 승리해 낼 것입니다. 우리는 반드시 승리할 것입니다. 여러분, 불안하기도 하고 열도 받고 성질도 나지만, 그러나 그 모든 것은 우리의 분노를 농축된 에너지로 만들어서,

저들이 알아서 이제 파면되고 나면 우리가 이 거리를 승리의 물결로 메워야 하는데, 그 에너지를 준비시키는 것 아닙니까? 알아서 엠티 시키고 있는 거 아닙니까?
뭉쳐서 건강 잃지 않고 여러분과 함께 거리에서, 전국 방방곡곡에서 윤석열 파면의 물결을 만들어내고, 마침내 파면시킨 후에는 더 큰 승리를 위해서 뭉쳐서 뛰어나갈 준비를 우리가 이곳에서 하고 있기 때문에 민주당

을 격려해 주시고, 민주당도 더 각성할 것이고, 그리고 민주당과 국민이 하나가 되어서 우리는 반드시 승리할 것입니다.
    고맙습니다.

광화문 집회 연설(25. 03. 11)

4 국민의 비판이
헌재로 옮겨가고 있습니다

국민의 비판이 헌재로 옮겨가고 있습니다. 국민 다수가 윤석열 파면을 요구하는 것은 부동의 사실입니다. 파면 선고의 지연은 내란 증거 인멸의 시간을 늘리고, 경제의 불확실성을 키우고, 국민의 불안을 높이고 있습니다.

계엄을 앞두고 시신을 담는 종이관과 영현백까지 준비되었다는 보도까지 나오며, 만의 하나 윤석열이 복귀하면 어쩌나 하는 공포가 국민들을 엄습하고 있습니다.

헌법재판소는 탄생 배경과 존재 이유를 되새겨야 합니다. 80년 광주항쟁과 87년 6월항쟁을 거치며 온 국민의 민주 열망을 담은 개헌으로 헌법 수호를 임무로 출발한 헌법재판소입니다.

민주헌정을 짓밟은 권력의 친위 쿠데타를 심판하는 데 좌고우면하고 국민의 고통과 불안 종식에 단호하지 못하다면 무슨 존재 이유가 있겠습니까?

헌재가 즉각 선고기일을 지정하여 더 이상 국가와 국민의 고통과 부담이 연장되지 않도록 책임을 다하길 강력히 촉구합니다.

자신은 헌재 결정을 무시하면서, 국민에게는 헌재 결정 존중을 요구하는 최상목 대행은 거울을 보고 안 부끄럽습니까? 양식과 양심이란 게 있습니까? 이미 국정의 임시 책임조차 감당할 자격과 신뢰를 잃었습니다. 최상목이란 이름은 도덕성과 신뢰가 무너진 지식인의 능력이란 게 얼마나 무의미한 것인가를 보여주는 대명사로 전락했습니다.

마은혁 재판관을 임명하여 헌재의 결정을 이행할 생각이 아니라면 차라리 침묵하고 그 자리에서 물러나는 것이 덜 추할 것입니다.

민주당은 국민과 함께 반드시 국가 정상화의 길을 열겠습니다.

최고위원회의(25. 03. 19)

5 원칙이 흔들리니
  신뢰가 흔들립니다

원칙이 흔들리니 신뢰가 흔들립니다. 헌재가 그렇습니다. 실망입니다.

한덕수 총리 선고기일 지정으로 선입선출 원칙도, 헌재가 스스로 밝혀온 중요 사건 우선 원칙도 무너졌습니다. 다음 주 윤석열 파면 선고를 위한 선행조치라는 해석도 있지만, 윤석열 파면 선고가 기약 없이 더 늦어지는 게 아닌가 하는 우려 또한 커지는 이유는 결국 원칙이 무너진 탓입니다.

헌재의 신뢰와 존중은 스스로 원칙의 축적을 통해 획득하는 것입니다. 원칙이 흔들리고 그 이유에 대해 국민들께 설명 의무마저 다하지 않으면 헌재 스스로 신뢰의 기반을 깎아내리는 결과를 낳을 수밖에 없습니다. 오죽하면 헌재가 국힘의 요구를 다 들어주며 끌려가나 하는 지적이 나오겠습니까?

윤석열이 무원칙하게 불구속 상태가 된 이후 국민의 분노와 파면 여론은 한층 높아져가고 있습니다. 헌재의 파면 선고를 향한 국민의 인내 또한 이미 한계점을 넘었습니다.

총을 쏘라는 이야기를 쉽게 내뱉는 부부 권력이 일으킨 내란입니다. 윤석열 복귀는 지옥의 문을 여는 것입니다.

한덕수 선고 이후에도 다시 정치적 좌고우면으로 헌재의 신뢰에 씻을 수 없는 상처를 줄 선고 지연의 오류를 범하지 말기를 바라는 국민의 뜻을 다시 한번 무겁게 전합니다.

최고위원회의(25. 03. 21)

6 헌재의 즉각 결정을 촉구합니다

전국 각지의 산불과 그 진화 과정에서 엄청난 재산 피해와 인명 피해가 이어지고, 수많은 이재민들의 대피 상황이 지속되고 있습니다. 희생자분들께 깊은 애도와 이재민 여러분들께 위로의 말씀을 전합니다.

헌정을 파괴한 대통령을 국민이 멈춰 세운 지 100일이 넘었습니다. 국가 리더십의 공백 상황에서 국민의 고통과 피해가 너무 큽니다. 정치, 경제, 외교가 무너지고 성장률마저 가라앉아 외환위기, 금융위기, 팬데믹에 견줄 국가 위기이지만, 윤석열 내각은 근본적으로 국정 실패와 내란 동조의 책임에서 자유롭지 못한 임시체제일 뿐입니다.

윤석열 파면과 국정 정상화 없이는 연속되는 각종 국내외적 위기에 안정적으로 대처할 수 없을 것입니다. 지금 국가 정상화를 앞당길 책임은 헌재에 있습니다.

민심은 분명합니다. 국민 다수, 특히 중도층 다수가 파면을 찬성하고 있습니다. 여론은 합리적 판단을 이미 끝냈습니다. 윤석열 복귀는 계엄 면

허증을 주는 것과 같은, 민주공화국의 자살입니다.

조갑제, 김진 등 보수 논객들조차 파면의 불가피성을 인정하고, 차기 교황 후보로도 거론되는 유흥식 추기경 등 각계 종교 지도자들도 조속한 선고를 주문하고 있는 상황입니다. 윤석열 파면이 늦어지면 늦어질수록 혼란과 갈등만 깊어집니다.

추기경이 인용한 교황의 말씀처럼 정의에는 중립이 없습니다.

위기의 대한민국호를 바로 세울 수 있도록 헌재의 즉각 결정을 촉구합니다. 국민에겐 알 권리가 있습니다. 오늘 윤석열 선고기일을 공지하길 바랍니다.

최고위원회의(25. 03. 24)

7 윤석열 복귀와 제2계엄 음모 분쇄

헌재는 윤석열 파면의 도도한 민심에 즉각 답해야 합니다. 이를 위해 헌법재판소의 9인 완전체 결정이 보장되어야 합니다. 1명의 재판관 공석이 대통령 탄핵 같은 중대한 심판의 결과를 지연시킬 수도, 왜곡시킬 수도 있기 때문입니다. 바로 헌재가 그런 지연 상황으로 보입니다.

과거 이강국 헌법재판소장이 재판관 1명의 장기 공석 상태를 위헌적 상태로 규정하고 국회에 시정 조치를 요청했던 까닭입니다.

헌법연구관을 지낸 윤진수 서울대 명예교수가, 후임이 정해지기 전까지 임기 만료 헌재재판관의 직무 수행을 잠정 연장하는 것은 위헌적 임기 연장이 아닌 헌정 공백 방지라며 독일의 유사 사례를 들어 보완 입법 필요성을 제기한 취지도, 헌재의 중대 결정에서 위헌적 공석 상태를 막자는 것입니다.

지금 이 시간 실제로 9인 완전체를 막아 파면 선고를 지연하려는 윤석열 복귀작전이 진행되고 있습니다.

윤석열 복귀는 대한민국의 파국이고 제2계엄, 아비규환의 시작입니다. 민생 경제와 대외 신인도는 추락할 것입니다. 윤석열 파면 선고의 비정상적 지연을 시정하는 첫째 조치는 마은혁 재판관의 위법·부당한 선별적 배제를 시정하는 것입니다.

한덕수 대행이 마은혁 재판관을 임명하면 헌재 구성의 위헌적 불완전성은 치유됩니다.
4월 1일이 시한입니다.

시간 끌기로 윤석열 복귀와 제2계엄의 밑자락을 까는 내란 세력의 음모는 결코 용납될 수 없습니다. 더 이상 시간도 없습니다. 윤석열 복귀와 제2계엄 음모 분쇄를 위해 민주당은 하나하나 흔들림 없이 결단해 가겠습니다.

최고위원회의(25. 03. 31)

8 전 세계적인 민주주의 걸작을 만들어낼 것입니다

민주당 김민석입니다.
바보 같은 질문 하나 드리겠습니다.
윤석열 내일 끝납니까? 확실합니까? 스코어는 몇 대 0?
"바보가 아니라면 8:0 만장일치로 윤석열을 파면하라!"

잠시 생각해 봅니다.
광주를, 부마를, 6.10을, 그리고 멀리 4.3을 생각합니다.
그 모든 희생 위에 오늘 우리가 있습니다.
민주주의는 우리의 DNA입니다.
최고의 한류는 민주주의입니다. 맞습니까?

오늘 다른 모든 말씀보다도 꼭 드리고 싶은 말씀이 하나 있습니다.
저는 정치를 비교적 일찍 시작해서 우여곡절을 겪으면서 하늘과 국민이 가장 감사하고 두렵다 하는 것을 몸에 새겼습니다. 이번 싸움을 겪으면서 꼭 드리고 싶은 말씀이 있습니다.
감사합니다.

이 자리에 있는 아마 모든 야당 정치인들이 똑같은 마음일 겁니다.
여기 계신 여러분들과 대한민국 국민들과 같은 대한민국 사람인 것이 자랑스러울 만큼 너무너무 감사하다는 말씀을 드리고 싶습니다.
국민 여러분께 감사하고, 이 자리를 지켜주시는 분들께 감사하고, 맨 앞자리에서 오랫동안 견뎌내고 탄식하시고 우리의 앞쪽에 서주신 사회운동의 지도자들께 진심으로 감사하다는 말씀을 깊은 인사로, 깊은 절로 드리고 싶습니다.
감사합니다.

옆 사람을 격려하는 시간을 가졌으면 좋겠습니다.
정말 수고 많았습니다.
오늘은 4.3 제주, 기왕이면 제주도 말로 어떻습니까?
정말 수고 많았습니다. 다 아시잖아요.
"폭싹 속았수다! 폭싹 속았수다!"

제주에서 4.3을, 이 땅에서 세계적인 걸작을 만들어낸 우리는 이 고난을 딛고 세계가 깜짝 놀랄 전 세계적인 민주주의의 걸작을 만들어낼 것입니다.
우리에겐 확신이 있습니다.
우리가 주권자다. 우리는 행복할 권리가 있다.
헌법도 우리가 만들었고, 헌재도 우리가 만들었다. 그래서 승복해야 한다.
헌재는 우리의 요구에 승복하라.

내일 이길 겁니다. 믿으시죠? 그리고 시작할 겁니다.

왜 나오셨습니까? 왜 싸우셨습니까? 왜 견디셨습니까?

우리 모두 각자의 가슴에 바라는 그 변화, 새로운 세상, 내가 바라는 변화, 내가 바라는 세상, 정의가 강물같이 있는 세상, 약자에게 미래가 있는 세상, 함께 만드는 시작을 내일부터 함께합시다! 긴 기다림을 내일 끝내고 우리는 승리의 진군을, 새로운 세상을 향한 진군을 시작할 것입니다.

고생하셨습니다.

감사합니다.

수고하셨습니다.

그러나 우리는 이길 것이고, 내일부터 손 놓지 말고 다시 새로운 진군을 시작할 것이라는 확신을 갖고 승리의 밤을 함께 지새웁시다.

감사합니다.

윤석열 8:0 파면 촉구 대회(25. 04. 03)

2부

윤석열 정권의 몰락과 정권교체

5장

윤석열 정권의
예정된 몰락

1 이 정권은
의료를 흔든 최초의 정권

배달기사 사고와 피해가 계속되어 마음이 아픕니다. 개선책을 찾겠습니다.

저는 코로나 2년간 국회 보건복지위원장으로 상황을 살폈습니다. 제가 발의해 통과시키고 대통령이 거부했던 간호법이 궁지에 몰린 정부 여당의 항복으로 늦게나마 민주당 안대로 통과되게 되어 다행입니다.

정치를 못하고 경제를 못한 정권은 있었지만, 이 정권은 의료를 흔든 최초의 정권이 될 것 같습니다. 만연한 응급실 뺑뺑이는 누군가에겐 생사를 가르는 무서운 일입니다. 응급 붕괴가 구조적 의료공백으로 이어질까 우려됩니다.

추석을 앞둔 코로나 확산이 걱정입니다. 통계도, 콘트롤 타워도, 대책도 없습니다. 위드코로나로 변명될 상황이 아닙니다. 마스크, 진단키트, 변이 백신, 치료제, 학교, 요양원, 추석 이동, 의료진 확보 등에 대한 종합대책을 챙겨야 할 골든타임입니다.

K-방역조차 비난하던 윤석열 정부의 자격지심이 제대로 된 코로나 대처를 막고 있는 심리적 요인으로 보입니다. 대통령과 정부 어디에도 코로나 확산에 대한 긴장감이 안 보입니다. 비교당하기 싫다고 피할 때가 아닙니다. 과거의 코로나 대처 베테랑들이라도 불러서 물어야 합니다. 국민 건강보다 자존심이 더 중요합니까?

한동훈 대표가 의료대란에 한마디 나서니 솔직히 더 걱정됩니다. 한동훈이 툭 던지고, 윤석열이 개무시하고, 한동훈이 꼬리 내리는 루틴이 벌써 여러 번입니다. 한동훈 대표가 채해병특검 꼬리 내린 지 몇 시간 지났습니까? 확실히 바꾸도록 싸울 건지, 입 꾹 하고 있을 건지, 윤석열의 교정자인지 아바타인지 이번엔 분명히 하기 바랍니다.

윤석열 대통령에겐 한동훈 대표 말을 씹는 것보다 중요한 것이 국민 건강임을 생각하고 내면의 괘씸함을 내려놓기를 권합니다. 선후배 검사 감정싸움은 이 정권 끝나고 하십시오. 어차피 검찰 정권은 이번으로 끝입니다.

코로나 대책, 응급 붕괴, 의료대란 해결에 대한 정부 여당의 통일된 입장을 조속히 내놓길 요구합니다. 민주당은 이미 의대정원 단계적 증원 입장을 제시한 바 있고 언제든 대안과 경험을 보탤 용의가 있습니다.

최고위원회의(24. 08. 28)

2 주술적 비상식이 루틴인 정권 아닙니까?

의료대란의 와중에 윤석열 정권의 정치적 우울증이 염려됩니다. 현실 부정은 전형적인 초기 증상입니다.
"응급실 가봐라. 잘 돌아간다."

권력이 이런 현실 부정과 회피에 빠지면 생사람을 잡게 됩니다. 뉴라이트만 꽂으면서 뉴라이트를 모른다는 것도 근본은 현실 부정입니다. 현 대통령 부인은 황제 조사에 무혐의를 하면서 전 대통령 전 사위 조사를 법 앞의 평등이라 하는 것은 현실 부정을 넘어 판타지 중독 수준입니다.

격노, 즉 분노 조절 실패도 잘 알려진 초기 행태입니다. 여당 연찬회와 국회 개원식 불참 또한 또 하나의 전형인 고립 행태의 시작으로 보입니다. 멀쩡한 줄 알았던 교육부 장관까지 나서서 6개월만 버티면 이긴다니, 정권 전반에 전염이 시작된 모양입니다.

정치적이든 심리적이든, 정권이든 개인이든 우울증의 극단은 자기 파괴입니다. 오죽하면 국민이 계엄령을 걱정하겠습니까?

주술적 비상식이 루틴인 정권 아닙니까?

비상식적 사고와 현실 부정, 격노, 고립으로 나타나는 윤석열 정권의 정치적 이상 심리 상태에 대한 국민의 관찰과 진단, 극단 상황 예방이 필요한 상황입니다. 의료대란의 본질은 정권대란입니다.

민주당과 이재명 대표가 국민의 편에서 대란을 막겠습니다.

국민 여러분, 도와주십시오!

최고위원회의(24. 09. 02)

3 백약이 무효입니다

윤석열 정권이 말기 호스피스 단계에 들어갔습니다. 호스피스 기간이 얼마나 될지는 하늘의 뜻이지만, 국민과 나라를 위해 안정적 말기 관리가 필요한 상황이 된 것은 분명합니다.

보수의 마지막 목소리인 조선일보의 김건희 단절 충고는 무시되고, 보수·진보 모든 역대 미국 대통령에게 조언했던 빌리 그래함 목사님조차 난감하셨을 영적 대화와 이단 통치가 드러나고, 대선 당일까지 불법 여론조사에 의지했던 정권 탄생의 불법성이 입증되었습니다.

김건희 국선 로펌인 검찰의 거짓말 밑천도 바닥나고, 최종병기 충암파의 전쟁 사주 계엄 음모도 들통이 나 지지율 중도 반전의 경험 재연을 꿈꾸던 MB파의 희망은 사라지고, 친윤 트랙을 넘보던 오세훈 시장조차 친윤 주자 호칭을 꺼리는 권력 호스피스가 시작된 것입니다.

백약이 무효입니다.
이제 권력의 존재, 유지, 계획, 언행 모든 것이 불법 아니면 불가능한 상황입니다.

권력의 모든 불법 행위와 지시에 대한 엄격한 점검과 시민 불복종 운동이 시작될 것입니다. 공직자들도 참여할 것입니다. 국민과 함께, 시민과 함께, 정권 말기 좌충우돌을 막고 민주 회복 고속도로를 열겠습니다.

최고위원회의(24. 10. 28)

4 대통령이 국익의 최고 걸림돌이 되었습니다

국정 마비의 확인사살이었습니다. 현 대통령이 정상 국정은 커녕 정상 사고와 정상 소통이 불가능한 비정상 상태임이 확인된 회견이었습니다.

국정농단 비판은 국어를 모르는 국민 탓이고, 특검 요구는 헌법을 모르는 야당 탓이고, 해법은 부부싸움과 휴대폰 교체라니 보통 사람 기준으로도 지성 마비 상태입니다.

공천추천은 공천 개입이 아니라는 전직 검찰총장의 진술은 이후에 법으로 정리하면 되지만, 어제 당선된 미국 대통령 당선자의 정책을 무시한 우크라이나 관련 발언과 세계 각국이 트럼프 당선을 우려했다는 발언은 윤 대통령의 존재와 언행 자체가 이미 국익에 치명적 해라는 것을 극명히 보여주었습니다.

아내와 함께 임기를 마치고 싶어하는 대통령의 현존 그 자체가, 매일매일 기하급수로 증가하는 국가 최대 위협입니다.

목적도 내용도 정리 안 된 급조회견을 통해 조중동의 고언도, 여당 대표의 제언도, 당정의 조율도, 대통령실의 정무보좌 기능도 무용지물임이 확인되었고, 대통령을 당선시킨 국민은 대통령에 대한 향후 조치를 놓고 깊은 고민이 불가피해졌습니다.

야당은 국민과 함께 비판하고, 국익을 위해 제동을 걸겠습니다. 근본적 해법은 국민께 맡깁니다. 국회와 광장에서 국민 여러분의 말씀을 듣겠습니다.

한동훈 대표의 시간도 종료 직전입니다. 함께 쓸려갈지, 국민 편으로 넘어올지 판단하시길 권합니다. 보수 언론의 충고라도 깊이 새기며 나라와 보수를 살릴 마지막 고비에, 의인 열 명의 양식과 애국을 기대합니다.

국민 여러분, 대한민국이 뽑았던 대통령은 문제가 뭔지 모르고, 말이 안 통하고, 무능을 넘어 국익의 최고 걸림돌이 되었습니다. 국민 여러분의 현명한 판단을 부탁드립니다.

윤석열 대통령 기자회견 관련 입장표명(24. 11. 07)

5 주술 카르텔
최후가 보입니다

주술-이권-권력 삼박자의 주술 카르텔 최후가 보입니다. 일상이 주술인 대통령 부부가 주술에 따라 대통령실을 옮기고, 인사를 농단하고, 2천 명 집착으로 의료대란을 벌이고, 주술 위장 사업으로 나랏돈을 빼먹고, 우크라이나와 남북 갈등까지 악용해 국민 안전을 흔듭니다.

트럼프 당선의 예측력도 도덕의 성찰도 없는 돌팔이 주술 카르텔의 개, 정치검찰은 칼로 찌른 상처를 면도날로 그으며 '증거는 없지만 기소한다'는 주문을 읊는 서초동 양아치들이 되었습니다.

검찰 쿠데타의 한 배에 탔던 김건희-윤석열-한동훈 관계의 현실은 가족 대항전의 상호불신 이전투구입니다. 막장 칼춤과 막장 이전투구 모두 막장 엔딩의 예고입니다.

대한민국 전체를 주술로 덮으려는 주술 카르텔을 척결해야 합니다. 이재명 대표를 중심으로 일치단결하여 반드시 주술 카르텔 정권을 교체하겠습니다.

인도 정권이 사법살해하려던 인도 야당 대표는 인도의 민주주의 파괴에 대한 국제적 비판 이후 결국 대법에서 무죄가 나왔습니다.

윤 정권! 점보지 말고 제 눈의 들보와 세계를 보십시오.

최고위원회의(24. 11. 20)

6 윤석열 외교는 국가 손해입니다

외교 실패는 내치 실패보다 백배, 천배 피해 막심에 만회 불가입니다.

뒷통수에 항의조차 못 하는 사도광산 외교 실패는, 트럼프 2.0시대 윤석열 외교 참사의 새 발의 피 예고편입니다. 바이든-기시다 체제의 하위 추종 노선에 충실하던 친일 DNA 진영 외교는 트럼프 시대를 맞아 완전히 길을 잃을 것입니다.

우크라이나에 대한 바이든의 장거리 미사일 지원을 트럼프 주니어가 강력 비판하고, 북미 관계에 개방적인 털시 개버드를 국가정보국장에 임명하고, 대북 협상 경험이 있는 알렉스 웡을 국가안보부 보좌관에 임명하는 새 트럼프 외교 라인 앞에서, 일본 마음부터 챙기는 눈치로 국내 정치용 남북 갈등 격화 방안에 골몰하는 윤석열-김태효-신원식-김용현 외교 안보 라인의 대처 능력은 원천제로입니다.

윤석열 외교로는 판도가 바뀐 국제 체스판에 애초부터 대응 불가입니다. 해리스 당선을 점친 천공 때문인지, 8월부터 골프는 쳤어도 그때 방한한 트럼프 주니어 미팅은 뭉갠 윤 대통령은 도대체 할 줄 아는 게 뭡니까?

윤석열 외교는, 영혼이 친일이고 부작용이 한미 디커플링이고, 지속이 국가 손해입니다.

민생 수호 통상 외교가 절박합니다. 개각, 개편, 퇴진, 다 때가 오겠지만 오늘 당장 해야 할 일은 외교안보 라인 전면 교체입니다.

최고위원회의(24. 11. 25)

6장

기승전 김건희

1 김 여사의 공천개입 의혹에 대해 묻겠습니다

김 여사의 공천개입 의혹에 대해 묻겠습니다. 보도를 종합하면,

첫째, 김영선 의원 측이 김 여사의 공천개입 의혹 폭로를 조건으로 개혁신당 비례 1번을 요구했다.
둘째, 현역이 네 명이던 개혁신당은 국고보조금 등으로 추정되는 이유로 김영선 의원 측과의 만남을 가졌다.
셋째, 이준석 의원에 의하면 비례 1번을 제시한 것은 개혁신당 측이 아닌 김영선 의원 측이고, 개혁신당은 그 요구를 거절했다.
넷째, 이준석 의원에 의하면 문제의 텔레그램 메시지는 공천개입이라기보다는 조언 정도이다.
다섯째, 비례 1번 요구가 결렬되자, 양측 간에 비례 3번으로 타결됐었다는 보도에 대해 김종인 위원장이 그건 내가 막았다고 발언했다.

등입니다.
김건희 여사와 김영선 의원 측 사이의 일은 양측이 서로 밝히거나 부인할 일이고, 만일 양측이 모두 부인하고 텔레그램 메시지를 공개 안 한다

면 확인할 수 없는 일이지만, 제가 듣고 싶은 것은 이준석 의원의 설명입니다.

첫째, 비례대표 3번 문제는 모임에서 어느 수준까지 협의되었는지.
둘째, 텔레그램 메시지는 어떤 점에서 개입이 아닌 조언인지.

이 두 가지가 문제의 핵심이며, 현재 나온 설명으로는 잘 이해가 안 됩니다. 이 두 질문 모두에 대한 답이 명료해야 김 여사의 공천개입인지 아닌지, 개혁신당의 입장이 무엇이었는지 설명된다고 봅니다.

대선주자급의 정치적 비중과 목소리를 가진 정치인이시고, 소신과 책임감으로 어제 특검법 표결에도 참석하신 이준석 의원께서 이 두 가지 문제에 대해 국민이 납득할 설명을 해주시는 것이 여러모로 맞다는 생각이 듭니다.

최고위원회의(24. 09. 20)

2 김·김·여를 정리하라

태극기가 안 보일 땐 차렷자세를 하는 게 규정이고, 김태효 차장은 규정을 지켰다는 게 대통령실 해명입니다. 김태효가 규정을 지켰으면 국기에 경례한 대통령과 다른 사람들은 모두 규정을 어긴 바보들입니까? 태극기가 안 보일 때 차렷자세를 하는 것은 국기 강하식 규정이고, 공식 의전 중 애국가가 울리면 가슴에 손을 올리는 것이 대통령실 편람에 나온 의전 규정입니다. 이런 걸 꼭 규정을 봐야 합니까? 태극기도 애국가도 거부하는 왜놈 같은 반국가 행위를 변명해 주는 대통령실은 왜놈 대통령실입니까? 한마디로 미쳤습니다.

중앙일보 논설위원 칼럼에서는 윤석열 대통령이 온갖 비리와 공천개입 시비의 중심이 된 김건희 여사에게 거스르는 말을 할 처지가 아니라고 합니다. 지금도 대통령실은 김건희 여사가 센터에 놓인 사진들을 계속 올리고 있습니다. 김건희와 김태효가 몸통이고 대통령은 껍데기입니까? 이쯤 되면 김건희 중심으로 도는 김건희 대통령실 아닙니까?

국방부 장관에 대한 보고 의무를 어기고 계엄 음모 시비를 일으킨 군기 위반 불법 회합을 한 여인형 방첩사령관에게 끽소리도 못하는 대통령이 진짜 군통수권자 맞습니까?

이 정권의 마지막 살길은 우선 김건희·김태효·여인형 셋을 물러나게 하는 겁니다. 세 사람의 공통점은 모두 선을 많이 넘었다는 겁니다. 그 선이 이 정권을 졸라매는 목줄이 될 것입니다. 선을 넘은 세 사람을 정리하지 않으면 결국 국정농단, 친일매국, 군기문란을 용인하고 조장한 윤석열 대통령이 물러나게 될 것입니다.

국회 앞에 '김건희! 물러나라!' 현수막이 걸렸습니다.
김·김·여를 정리하십시오.

최고위원회의(24.09. 27)

3 김건희, 윤석열, 누가 더 세냐?

김건희냐? 윤석열이냐? 누가 더 세냐?
김건희냐? 한동훈이냐? 윤석열은 누구 손을 드냐?
국민의 질문입니다.

김건희냐? 나라냐?
여사보다 나라가 중요합니다. 대통령은 선택해야 하고, 여사는 물러나야 합니다.
주가조작, 양평고속, 디올백, 관저공사, 인사개입, 공천개입, 당무개입, 이단 시비. 비리와 농단 시비의 무한 공급자인 여사를 이대로 두고 나라가 정상이 되겠습니까?
조작과 억지로 야당 대표를 죽인다고 정권 붕괴가 막아지겠습니까?
정권 붕괴야 순리이지만, 여사를 놔두면 나라가 피곤합니다.

나라를 생각하면 한동훈 대표에게라도 힘을 보태고 싶을 정도입니다. 여야를 떠나 의료대란, 김건희특검, 경제개혁은 풀어내야 합니다. 여사보다 나라를 중시하는 국힘 의원들의 상식과 양식이 간절합니다. 겉으로만 참신하고 속으로는 삽질하지 않는 참보수의 양심이 기다려집니다.

이재명 대표에게 힘을 모아주십시오. 권력의 죄를 덮고 판을 바꾸려고 야당 대표를 죽이려 하는 친위 쿠데타 국면입니다. 지금 이 대표를 1이라도 흔들면 정권 교체를 흔들고 걸림돌을 놓는 게 됩니다. 부산, 강화, 호남의 재보선에서도, 악마의 편집을 하는 악마 검찰의 조작질에 대해서도 완승할 수 있게 힘을 모아주셔야 할 때입니다.

여사 권력을 퇴진시키고 국민을 살리는 민주 집권의 길을 열겠습니다.

최고위원회의(24. 10. 02)

4 명태균이 아닌 김건희가 본질이고 몸통입니다

작가 한강의 문학과 그 주인공인 5.18, 4.3, 한국 민주주의에 대한 세계 문학과 세계 인류의 헌정과 응원에 감사드립니다. 민주의 봄이 지척임을 알려주는 낭보입니다.

숨은 실력자 명태균 씨의 입은 윤석열 대통령 부부와 오세훈, 이준석 등 보수의 꿈나무 상당수를 초토화시켰습니다. 명 씨가 거론한 대부분이 반격하지 않고 숨죽이는 형국입니다. 국힘 전체가 마치 명 앞의 쥐 꼴입니다. 사후 기부가 명확한 세비 반띵도 덮어주면서, 압박하든 회유하든 검찰이 입을 잘 막아주기만 기다리는 모양입니다.

한동훈 대표가 재수 좋게 명태균 씨를 안 만난 걸 기회 삼아 목소리를 높이지만, 그 또한 궁색한 용기 부족입니다. 한 대표 자신이 도이치 수사를 뭉개온 공범이니 갑자기 목에 힘준다고 검사가 천사가 되겠습니까? 김 여사의 처신 자제를 논하고, 측근의 입으로 검찰의 김 여사 기소까지 띄우지만 결국 채 해병 3자 특검 때처럼 간보듯 변죽만 울리다 뒤집을 게 뻔합니다. 이번에도 그러면 간동훈이 될 겁니다. 용산 독대에서 6.29처럼 만들어달라고 절이라도 하며 지휘봉을 이어받고 싶겠지만, 야성과 돌파력이 없으니 윤 대통령 부부가 한 대표를 깔보는 내심이 바뀌겠습니까?

궁지에 몰린 권력을 이용해 적당히 명분만 챙기려는 정치는 명태균보다 치사하고 구질구질한 브로커 정치입니다. 한 대표의 찐 용기와 행동을 기대합니다. 정치 브로커처럼 구질구질하게 엉터리 검찰에 보내 윤한 합동 물타기 작전 하려 하지 말고 특검으로 함께 돌파합시다. 김건희의 진정한 사과와 근본적 절제는 가능하지도 않겠지만, 해결책도 아닙니다. '국민 뜻대로', '법대로 수사', '특검 수사'가 정답이고, 명태균이 아닌 김건희가 본질이고 몸통입니다.

심우정 검찰총장의 숙고를 권합니다. 도이치 불기소를 결정하면 대한민국 검찰은 심우정 총장을 마지막으로 사실상 해체의 국민적 심판을 받을 겁니다. 수치스러운 역사의 인물로 기록되지 않길 바랍니다. 김건희 물러나라가 국민의 요구입니다.

부마항쟁 기념일 10월 16일의 재보선에 민주당과 이재명 대표에게 힘을 모아주십시오. 세계가 노벨문학상으로 응원한 민주 성지 호남에서도, 국힘이 표만 빼먹고 엑스포로 망신시킨 부산에서도, 무능한 대처가 오물풍선과 확성기만 불러온 강화에서도, 이번에는 단호하게 심판해 주십시오. 서울시민도 바른 교육을 위해 반드시 투표해 주십시오.

한강 문학의 터전인 민주공화국을 지키겠습니다. 계엄 음모 충암파 김용현 국방부 장관과 여인형 방첩사령관에 대한 위증 고발과 '충암파 계엄 음모 국조 및 특검'도 추진하겠습니다. 친일 이단 김건희 권력은 반드시 무너질 것입니다.

최고위원회의(24. 10. 11)

5 김건희 이단왕국을 막아야 합니다

김건희 이단왕국을 막아야 합니다.

친일파, 돈 냄새, 사이비 이단. 이 세 가지가 김건희 권력의 본성입니다. 주가조작에서 인사개입으로 이어진 김건희 게이트의 끝은 친일 이단왕국입니다. 망하는 권력은 항상 이단과 붙었습니다. 신돈, 최태민, 최순실이 그랬습니다. 특정 집단 악마화가 전공인 이단은 냉전 시대엔 멸공을 외쳤고, 지금은 반국가 세력을 외치고 또 혹세무민할 제물을 찾고 있습니다. 천공, 무정, 김건희를 작은엄마라 부른다는 7상시의 영험한 아버지 등 너무 많은 사이비 이단이 현 정권의 중심을 휘감고 있습니다.

중앙일보가 김건희 마음 건강 예산을 지적했습니다. 감염병 전문병원조차 세 차례 탈락한 예타를 한 방에 통과한 마음 건강 사업이 총예산 1조 원에 육박하는 김건희 게이트의 황금 송아지로 등장하고 있습니다. 최순실의 미르 등 과거가 연상됩니다. 김건희 사업 소문이 파다한 마음 건강 사업은 근사한 명분을 딛고 기재부, 과기부, 복지부, 국방부, 서울시 등 전방위 초고속 무제동으로 확산되며 이미 첫해 50만을 넘어 전군 장병까지 대상 확대의 탄탄한 건희대로에 올라탔고, 관련 국정과제는 김건희 단독 주관 간담회를 넘어 마포대교 여왕 시찰의 명분이 되었습니다.

국민 마음 건강의 최우선 치료법은 권력자 김건희 퇴진입니다. 마음 건강 게이트가 순수한 일반 심리치료 및 종교단체를 방패로, 실체는 국가 공적 사업이 아닌 민간 이단의 기업화와 권력화 수단이 되는 것을 경계하는 양심 제보가 시작되었습니다. 낡은 천이 우긴다고 새 수건이 되며, 사이비 이단이 마음 건강 딱지를 붙인다고 천사가 됩니까?

민족정기를 끊고자 발악했던 친일 잡교의 후계 김건희 이단왕국을 반드시 막아내겠습니다. 신사참배를 거부한 민족정신과 친일 독재를 거부한 민주정신으로 지켜온 대한민국입니다. 이단왕국이 되면 나라가 망합니다. 친일 이단 권력이든, 혹세무민 감언이설로 독재를 축복하는 사이비 기득권이든 민주공화국 대한민국은 결코 용납하지 않을 것입니다.

최고위원회의(24. 10. 21)

6 그 부인 때문에
국민 마음은 지옥입니다

국민 여러분께 다음 사람들에 대한 제보와 협조를 부탁드립니다. 김건희 여사의 논문 주제는 디지털 운세 콘텐츠, 즉 점술 앱이었습니다. 그 논문의 대필 의혹을 받는 한경국립대 설민신 교수는 성 비리, 폭언, 횡령 의혹을 받고 있고, 국감 증인 출석을 2년째 거부했습니다.

무용과 교수였다가 관련 논문 하나 없이 강의를 안 하는 조건으로 한양대 디지털 헬스케어 및 AI 교수로 임용된 71년생 김형숙 교수는, 신화건설과 함께 개발한 앱이 수백억 군 장병 마음 건강 사업에 선정되었습니다. AI를 모르는 AI 교수 김형숙은 총리 표창을 받고 초대 과학기술수석에 거론되었고, 김형숙 임용을 반대하던 교수는 해임되었습니다.

디지털 통합 예술치료학회장까지 맡은 김형숙 교수를 추천하고 앱 지원 예산 확보를 도운 김창경 대통령직속 디지털 관련 위원장은 윤석열 대통령과 아버지들끼리 같은 학교 교수로 40년 된 관계랍니다.

중앙일보가 김건희 예산으로 지적한 마음 건강 예산은 김건희 논문 주제였던 디지털 상담 관련 총 1조 원대의 여왕 예산으로 자리 잡고 있습니다. 김건희 영적 대화의 파트너들이 신분 세탁으로 숨어들 준비를 하고 있는 김건희판 미르입니다. 김건희 이단왕국과 김건희 부부 황금 송아지 패밀리 비즈니스의 시작과 끝이 보입니다.

남편 말씀으론 부인 마음이 아프다지만, 그 부인 때문에 국민 마음은 지옥입니다. 공부하랴, 논문 쓰랴, 주식하랴, 마음 건강 마포대교 시찰하랴, 영적 대화하랴, 공천 걱정하랴, 이단왕국 구상하랴, 노심초사 누우셨다는 김건희 실권자 다음 행로는 입원실이 아니라 취조실입니다.

오늘 거론한 국정농단 이단왕국 음모자들은 모두 같은 방 술친구처럼 보입니다. 국민 수사는 이제 시작입니다. 국민 여러분의 협조를 부탁드립니다.

최고위원회의(24. 10. 23)

7 김건희 농단, 특검만이 답입니다

국민의 주문은 김건희 살리기를 위한 김건희 생쇼가 아닙니다.

이미 인사 예산권을 장악한 김건희 국정농단의 법적 책임만 피하고 보자는 미봉책은 김건희 살리자고 나라를 죽이는 망책이며, 특검만 피하고 보자는 김건희식 지연 전술은 소환과 구속만 피하려 버틴 명태균식 연막 전술과 똑같습니다.

사과, 쇄신, 칩거, 감찰을 요구한 한동훈 제안은 홍준표 시장 말처럼 원조 김건희 라인다운 봐주기 꼼수이며, 지분을 조정해 나 키워주고 같이 살자는 동업 제안입니다.

총장 자리를 먹으려고 검찰개혁을 맹세했던 사기 전문 부부가, 살기 위해서야 사과가 아닌 죽는 시늉인들 못 할 것이며, 아무 실권 없는 총리인들 못 바꾸겠습니까? 범죄의 정점인 권력 실세가 김건희 그대로인데 집에 있든 나다니든, 총리가 누구든 무슨 차이가 있습니까? 기껏해야 지켜보다 검찰에 보내는 특별감찰관으로 무슨 거악을 잡겠습니까?

김건희특검을 놓치면 김건희 이단왕국은 음지의 독버섯처럼 더 번창하고, 미친 듯 나라 곳간을 털어 황금 송아지를 챙길 것입니다. 여론조사를 조작해 순위를 뒤집고, 공짜로 쓴 불법 대선캠프 비용을 건물주 공직 채용으로 보상하는 탄핵사유 수준의 불법은 애교로 느껴질 정도의 철면피 권력 아닙니까?

쇄신파의 목소리도, 중진과 원로의 고언도 사라진 국힘의 의인 열 명을 찾습니다. 나라를 다 망가뜨려 놓고 무슨 양심으로 보수를 말할 겁니까? 어떻게든 오늘의 위기만 모면해 파병이든 전쟁이든 계엄이든 판을 뒤집을 때만 기다리자는 악의 주술에 지연 작전을 허용할 때가 아닙니다.

특검만이 답입니다. 이 정권을 어찌 할지는 그 후 국민투표의 정신으로 정하면 됩니다.

특별히 조국혁신당에 제안합니다. 광장의 대로를 함께 열 때입니다. 우리에겐 책임이 있습니다. 초심을 모아 머리를 맞댑시다.

최고위원회의(24. 11. 06)

8 원칙의 칼로
따박따박 상대하겠습니다

김건희 살리기 쇼가 한창입니다. 실권자인 영부인만 산다면 어떤 쇼도 가능한 정권입니다. 명태균 사건은 단순 정치자금 사건으로 시나리오를 정했고, 500만 원 돈 봉투는 미담 조미료로 바꾸려 합니다. 검찰이 김 여사 도이치 건을 전격 부실기소하여 재판에서 터는 비장의 플랜B 깜짝카드도 검토 중이랍니다. 더 이상 커버가 어려운 여사 라인 일부 정리와 총리 교체 준비도 재개했고, 이태원 무방비 경찰은 없던 능력을 끌어모아 시민 압박, 폭력 유발 공안정국 조성 작전을 시작했습니다.

모든 기획은 김건희 실권 유지로 통합니다. 지은 죄를 묻어주고 국고 털이와 실세 노릇을 허용하는 모든 쇼는 범죄 은닉입니다. 원조 공범 한동훈 대표는 형수 통화 원조 라인의 공범 초심을 회복했습니다. 원칙의 칼로 따박따박 상대하겠습니다.

김건희 범죄 봐주기와 이재명 유죄 조작 등 한국 검찰의 기소권 남용과 비인간적 행위에 대한 시정 요청이 법률가들에 의해 유엔 사법정의특별보고관에게 제출되었습니다. 국제적 사법 의견을 떠나 "100명 넘는 검사가 1원 비리도 못 밝힌 억지 수사에, 트럼프 백분의 1도 안 되는 법적 쟁점으로 이재명 기소가 타당하냐"는 검찰 출신 TK 중진의 지적을 정치 검찰에 돌려줍니다. 의인의 목소리 하나 없는 한국 검찰이 창피하지 않습니까!

윤석열 위법도 안 놓치겠습니다. 취임 전날 공천 개입과 불법 대선캠프 무료 사용 공직 보상은 증거 명백 불법이며, 우크라이나와 짜고 전쟁 불길을 끌어들이려 한 외환 유치 예비 음모 관련 인지나 지시는 대통령 재임 중에도 소추 가능한 중대 위법입니다.

대통령의 명백한 위법들도 따박따박 정리해 가겠습니다. 무능한 대통령이란 이유로 실권자인 부인 뒤에 숨도록 놔두진 않겠습니다. 시키는 대로 회견 한 번 하고 긴장 풀고 국정 놓고 골프 치는 불감의 오만을 반드시 꺾겠습니다.

최고위원회의(24. 11. 13)

7장

국힘과 보수의 동반 몰락

1 한동훈 대표에게 묻겠습니다

이재명 대표의 코로나 확진으로 여야 대표 회담이 연기되었습니다.
한동훈 대표에게 묻겠습니다. 3자 추천 특검은 공약이었습니까? 공수표였습니까?
당대표 1호 공약도 안 지키는 게 새 정치입니까? 조건을 걸면서 피해 보려다 안 되니 전례 없는 생중계를 걸어서 자기가 한 약속을 피해보려는 꼼수는 쩨쩨하고 부정직한 구정치의 전형입니다. 말 바꾸기와 잔기술은 새 정치가 아니고, 특검 약속이 빠진 생중계 제안은 정권 반성이 빠진 이조 심판론보다 더 공허합니다.

김건희 조사가 국민 눈높이에 안 맞는다고 했다가 김건희 무혐의는 팩트와 법리에 맞다고 하니, 한 대표가 말만 화려한 윤석열 아바타란 소리를 듣는 겁니다. 대표 회담은 국민이 원하는 문제를 해결하는 자리이지 한동훈 대표의 곤궁한 당내 입지를 해결하는 도구가 아닙니다. 솔직히 채해병특검 해결 의지조차 없다면 실권이 전혀 없다고 평가되는 한동훈 대표와의 대표 회담이 무슨 의미가 있겠습니까? 말로만 윤석열 아바타가 아니라 하지 말고 행동으로 보이시기 바랍니다. 윤석열 아바타쇼 중계에 전파 낭비를 할 필요는 없을 것입니다.

한동훈 대표가 후쿠시마 핵 오염수 방류 1년간 안전 문제가 없었다면서 괴담 정치 종식을 주장했습니다. 원전 처리수라는 일본식 용어까지 쓰며 편들기에 나섰습니다. 작년 10월 이후 방사능 자료를 제공하지 않는 일본 정부를 추궁하긴커녕 아예 일본 정부 대변인으로 나서다니 명색이 한국 여당 대표로서 창피하지도 않습니까? 친일 매국 대변으로 대통령의 신임을 회복하기로 작정한 겁니까?

후쿠시마 오염수가 우리 해역에 유입되는 데에는 4~5년에서 10년이 걸린다고 합니다. 1년 지났는데 아무 일 없지 않냐고 들이대는 것은 무지와 경망의 비논리입니다. 아무리 국민 마음보다 일본 마음이 중요한 정부라지만, 차별화를 꿈꾸는 여당 대표다운 언행을 기대합니다.

최고위원회의(24. 08. 23)

2 대통령의 해결 의지 확답부터 받아오십시오

2025년 정원 논의 개방, 2026년 정원 합리적 추계, 대통령 사과와 복지부 장차관 문책, 이 세 가지가 문제 해결의 길이라는 민주당의 입장을 한동훈 대표가 "모든 의제 논의"로 수용했습니다. 문제는 한동훈 대표의 입장을 대통령이 사실상 무시한다는 것입니다. 수용인지, 방관인지, 판 깨지기를 기다리는 건지 애매모호 왔다 갔다입니다.

겸상조차 못 하는 대통령과 여당 대표가 무슨 수로 의료계를 원탁에 앉히겠습니까?
내전 중인 정부 여당이 어떻게 국정을 풀고 대란을 막겠습니까?
되든 말든 알아서 해보란 게 대통령 생각입니까?
결과야 나든 말든 말 점수만 따자는 게 여당 대표 생각입니까?

채해병특검과 김건희 조사처럼 말로 적당히 면피하는 한동훈식 말 정치가 의료대란에서도 반복돼선 안 됩니다. 말 정치가 아닌 결과 정치가 여당 정치입니다.

한동훈 대표는 오늘 당장 용산을 찾아 대통령의 해결 의지 확답부터 받아오십시오.
명색이 여당 대표인데 문은 열어줄 거 아닙니까?

최고위원회의(24. 09. 11)

3 윤석열 탄핵론의 본질은 윤한전쟁입니다

한동훈 대표가 결심을 했습니다.
단식 때도 했고, 또 수십 번은 얘기했을 '잘못하면 끌어내린다'는 일반론을 굳이 이름까지 찍어서 윤석열 탄핵론으로 띄우고, 네 표 이탈 국면에 공항 환송은 빠지고 비윤 이십여 명과 밥을 먹었습니다. 윤 대통령이 미워할 만도 합니다.

결심은 윤 대통령도 마찬가지입니다. 검상 아닌 옆상도 금지하고, 국힘 강화 후보 검찰 기소를 감수하고, 한동훈 공천 책임을 띄웠습니다. 윤한 갈등을 넘은 윤한 살의. 두 검사의 살벌한 결기가 느껴집니다. 여러 사람이 다칠 것 같습니다. 이제 윤석열국에 당정 협조는 없습니다.

이재명 대표에게 뒤집어 씌우고 있는 여권발 윤석열 탄핵론의 본질은 윤한전쟁입니다. 무정부 상태를 각오한 윤한 혈전 앞에 민주당은 책임 있게 집권을 준비하겠습니다. 발족될 집권플랜본부는 당 전체의 집권 준비를 설계하고, 핵심 과제를 제기하는 선도체가 될 것입니다.

참신하고 통통 튀는 천하의 아이디어를 구하고, 당원 주권을 선도할 모범 당원 십만 양병을 추진하고, 종교·문화 등 각계각층과 정책 협력망을 짜고, 품격 있는 먹사니즘 기본사회를 그려내고, 인재풀로 뒷받침하겠습니다. 윤석열 무정부 시대 이후 민주당과 이재명 대표의 시대를 진지하게 준비하겠습니다.

이번 주 금, 토 11, 12 이틀은 서울교육감 사전투표입니다.
선관위조차 편파하는 지금은, 어느 후보를 지지하든 관심과 사전투표가 시민의 절박한 권리요 의무입니다. 바른 교육이 민주주의의 토대입니다. 영광, 곡성, 금정, 강화뿐 아니라 서울도 반드시 투표해야 합니다. 민주주의가 절박합니다. 민주주의와 미래와 자녀들을 위해 투표해 주십시오.

최고위원회의(24. 10. 07)

4 보수의 성찰을 호소합니다

보수의 성찰을 호소합니다. 나라와 국민, 염치와 품격을 내세워온 보수가 이단 보수의 방어막으로 전락한 현실에 함께 개탄합니다.

귀 막은 대통령 부부 앞에 여당 중진들은 회피하며 안주하고, 당 대표는 근본 해법을 주저하고, 의원들은 침묵합니다. 비리와 위법의 폭포 앞에 기껏 면피성 감찰관을 찬반한다는 자체가 허무개그인 걸 모릅니까, 모르는 척하는 겁니까? 보수 지지 국민들 보기도 부끄럽지 않습니까?

"김건희 보기 싫다!" "비선 싹 정리해라!" "웬 남의 전쟁에 못 끼어서 난리냐!" "진보 재정보다 더 방만하다!" 민주당 성명이 아닌 이 나라 보수지들의 주장입니다.

민주당과 이재명 대표에겐 독자로 거부권을 깰 의석수가 없습니다. 나라의 미래가 보수의 마음에 달려 있습니다.

승패가 병가지상사이듯, 정권 교대도 국가지상사입니다. 누가 정권을 잡든, 정권보다 나라가 우선입니다. 보수든 진보든 정상 정권의 정상 국가를 회복할 시간입니다.

이단 국정을 넘어야 나라도 살고 보수도 삽니다. 보수와 함께 국가를 구한 김대중을 따랐던 민주당입니다. 민주당도 이재명 대표도 보수의 고언을 더 많이 들으며 국정 정상화의 길을 갈 것입니다.

이재명 대표가 여야 대표 회담을 제안한 지 벌써 한참입니다.
정당 간에도, 시민 간에도 보수와 진보의 진짜 대화가 필요한 시간입니다.

최고위원회의(24. 10. 30)

5 보수의 양심은
남겨 놓아야 할 것 아닙니까?

돌팔이 점에 기대온 권력자들에게 전합니다.

첫째, 김건희·윤석열 부부에 대한 법의 심판은 피할 수 없습니다. 국회의 임기가 1년 더 길고, 김건희의 죄업이 감옥 갈 만큼을 차고 넘치며, 당선자 신분으로 퉁칠 수 없는 불법 캠프의 수뢰 후 부정처사, 공천 압박의 위력에 의한 공무 방해, 우크라이나 대책회의의 외환 유치 예비 음모 간여 등 윤 대통령의 불법이 재임 시든 퇴임 후든 답해야 할 중대 명백 사안입니다.

둘째, 한동훈 정치는 용도 폐기됩니다. 견제하라 기대한 표심을 버렸고, 원조 건희 라인으로 확실히 꿇었고, 실패한 이조 심판론 수준을 답습하고, 당원 게시판 등 걸린 약점이 너무 많습니다. 발꿈치를 아무리 들어도 갈수록 작아지고, 당 지지보다 낮은 개인 지지는 퇴출의 명분이 될 것입니다.

셋째, 국민의 요구에 귀 막은 모든 국회의원들은 물갈이될 것입니다. 탄핵을 지지해서가 아니라 농단을 막지 못해 죽은 과거를 오판하고 숨죽이면 결국 숨이 멎을 것입니다. 지금은 농단을 제동해야 할 때입니다.

사필귀정이라는 말은, 이승만이든, 박정희든, 전두환이든, 노태우든, 이명박이든, 박근혜든 결국 시간 문제일 뿐이라는 역사의 교훈입니다. 민주주의가 과학이고 국민이 법칙입니다. 세 가지 예측은 돌팔이 점이 아닌 과학으로 입증될 것입니다.

역량과 애국심을 갖춘 보수 신념의 국회의원들께 정치검찰 출신 용병 대통령과 당 대표에 이 나라 보수의 미래를 매장시키지 마시길 충언합니다. 보수지조차 고뇌하는 시간, 김건희 농단 아웃에 온 국민이 통합된 시간 아닙니까? 정권 교체의 대세는 못 막을지언정 보수의 양심은 남겨 놓아야 할 것 아닙니까?

국가를 위한 초당적 판단이 필요한 국가 위기에 국회 본회의장 의석을 정당별 좌석에서 가나다순으로 바꿀 것을 국회의장과 여야 원내대표, 모든 동료 국회의원들께 긴급 제안합니다. 당리당략의 차단막 뒤에 숨어 가짜뉴스 쏘지 말고, 하나하나 존엄한 1인 헌법기관으로 섞어 앉아, 고성도 퇴장도 없이 벽을 넘어 소통하며 오직 양심에 따라 판단하고 국민을 보고 투표해야 할 시간이 왔습니다.

김건희 농단 차단은 국민의 요구입니다.
여야 모든 국회의원들의 애국적 결단을 호소합니다.

최고위원회의(24. 11. 15)

6 국민의 힘은
길 잃은 내전 상태입니다

대구시민 여러분께 인사드립니다.

검찰 쌈짓돈이 없다고 무슨 민생이 마비됩니까? 권력기관 쌈짓돈 말고는 예비비도 예년보다 많습니다. 꼭 뺄 것만 뺐는데 살림을 못 한다는 건 당초 안이 부실했다는 고백이거나 거짓 엄살입니다. 차관 과잉, 예산 과잉, 권력 과잉, 검찰 무소불위는 끝나야 합니다.

국민의힘은 길 잃은 내전 상태입니다. 대통령과 당 대표는 패싸움 중이고, 서울시장·강원지사·경남지사는 여론 조작·충성 맹세·채용 거래로 휘청하고, 명태균 리스트 당사자들은 침묵하고, 다수는 방관합니다. 2천 명 주술을 못 깨 의료대란은 장기화되고, 경쟁력 후보 제로로 다시 여권 제3 용병 후보설이 시작되었습니다.

보수와 국가의 공멸을 부를 김건희 방탄 국정 표류를 보수의 양심으로 막아야 합니다. 대통령 입으로 김건희 국정 농단을 육영수 여사에 비교당한 보수의 모욕을 끝낼 때입니다.

대구시민 여러분의 애국적 판단을 호소드립니다.

대구 현장 최고위원회의(24. 12. 02)

7 국힘은 소멸 사례의 길을 가게 될 것입니다

국민의힘은 보수 정당 역사에 아주 독특한, 이단 정치 전염에 의한 소멸 사례의 길을 가게 될 것입니다. 결국 앞으로 6개월 안에 당명을 바꾸자, 머리 숙여 사과하자는 소리가 터져 나올 것입니다.

오늘 할 반성과 사과를 마냥 미루고, 위기 앞의 위축성 결집을 정상의 회복으로 착각하고 뻔뻔하게 버틴 참담한 후과를 두고두고 후회하게 될 것입니다.

민주주의의 이단인 히틀러와 전두환도 한때 지지자가 있었고, 오늘의 종교적 이단에도 광신도가 있지만 그 모든 이단의 끝은 결국 변방 고착과 소멸일 뿐이라는 것이 역사의 철칙입니다.

헌법을 부정하고, 내란을 비호하고, 내란 수괴 집 앞에서 법원 영장을 막고, 부정선거 음모론에 올라타는 이단 광신도 정치가 주류 집권 세력으로 복귀하는 일은 대한민국이 망하지 않는 한 없을 것입니다.

윤석열 경호 44인은 광신도 자살 특공대를 연상시킵니다.

한때 계엄에 반대한다고 입장을 밝혔던 오세훈, 김태흠 등 국민의힘 시도지사들도 정신을 차리기 바랍니다.

윤석열, 김건희 이단 정치 전염으로 괴물 이단 정당이 된 국힘의 예정된 소멸 과정에서, 길게 보고 헌법과 법률을 지키며 살아남는 보수 정치의 다음 마중물들을 기대하고 응원하겠습니다.

최고위원회의(25. 01. 08)

8 국민과 함께 윤석열의 늪을 벗어납시다

경제와 민생이 너무 어렵습니다. 윤석열의 늪을 넘어 대한민국을 구해야 합니다. 박정훈 대령 무죄는 사필귀정이 대세가 되었음을 보여주는 상징입니다. 음력설은 윤석열·김건희의 손을 들어주지 않을 겁니다. 윤석열 파면의 대세를 누가 막겠습니까? 명태균까지 첩첩산중 아닙니까?

국힘 의원들께 말씀드립니다. 국민과 함께 윤석열의 늪을 벗어납시다. 경제와 민생이 이렇게 어려운데 언제까지 윤석열만 붙잡고 법치에 저항하는 생떼 정당의 길을 가실 겁니까?

내란비호 윤석열당에서 음모론 전광훈당을 넘어 내란경호 백골단당이 되어가는 국힘을 보는 국민의 마음이 편치 않습니다.

윤석열 체포는 공수처와 경찰에, 파면은 헌재에 맡기고, 이제 내란특검을 통과시킬 준비를 시작합시다. 이제 반대할 명분도 없지 않습니까?

윤석열을 넘어 민생과 정치를 회복할 시간입니다.

최고위원회의(25. 01. 10)

8장

내란승계냐 정권교체냐?

1 폭정과 친일 회귀를 제압하고
집권을 준비하라

집단지성의 역동적 드라마를 써주신 당원과 성원해 주신 국민 여러분께 감사드립니다.

이재명 대표를 중심으로 단결하라, 폭정과 친일 회귀를 제압하고 집권을 준비하라는 당심과 민의로 새기고 무겁게 받들겠습니다. 당원 집단지성은 민주당의 가장 큰 힘입니다. 당원 주권과 교육 훈련의 대대적 강화로 당원 집단지성의 지혜는 더 강하고 깊어질 것입니다.

저는 전당대회 기간 중 자임하고 약속드린 대로, 집권과 성공적 국정 운영을 위한 당의 준비를 위해 전속력으로 뛰겠습니다. 그것이 무능한 폭정으로 고통받는 국민들께 대한 수권 정당 민주당의 도리이고 의무라고 믿습니다.

이재명 대표께서 민주당을 올림픽 양궁팀처럼 실력 우선 기조로 이끌도록 돕겠습니다. 실력 있는 모든 국회의원과 지역위원장, 당내 성원들이 총력으로 함께 뛰는 실력주의 동심원 체제, 올라운드 팀플레이 체제로 크고 넓고 강하게 판을 짜고, 최고회의도 팀플레이의 모범이 되도록 최선을 다하겠습니다. 계파적 접근은 낡은 문법이 될 것입니다.

민생과 정치 현안 타결을 위한 이재명 대표의 영수회담과 대표 회담 제안을 지지합니다. 국민의힘 한동훈 대표와 신임 지도부가 진심으로 임하셔서 여야 투트랙 회담의 성사와 성과를 내고 국민의 기대에 화답하시길 희망합니다.

최고위원회의(24. 08. 19)

2. 민주당과 이재명 대표가 호남을 발전시킬 것입니다

윤석열 정권의 독도 지우기 진상조사단을 즉시 출범시키겠습니다. 이재명 대표가 병상 지시를 내릴 만큼 심각하고 긴급한 국가적 사안입니다. 국토 수호 차원에서 김병주 최고위원께서 단장을 맡으실 겁니다. 이 정권의 독도 지우기는 팩트입니다. 군 교재에서 독도를 지우고, 분쟁 지역으로 표현하고, 주요 공공기관의 독도 조형물이 하나둘씩 철거되고 있는 명백한 사실을 괴담이라 퉁치려는 여당 정치인들이야말로 참 괴이합니다. 괴담이라 우긴다고 팩트가 사라집니까? 왜 이 정권 하에서만 이런 일이 계속되는 겁니까?

팩트를 괴담이라 우기며 이재명 대표에게 들이댄다고 갑자기 이재명급이 됩니까? 일단 이재명에게 들이대고 보자는 것이 국힘 대선 지망생들 유행입니까? 괴담이라 우기며 총구를 야당과 국민에게 돌릴 시간에 정부 여당과 국힘 지자체장들은 더 이상 독도를 지우는 괴이한 일이 일어나지 않도록 특별히 정신 차리기 바랍니다.

뉴라이트는 친일 매국병입니다. 민주당이 준비하고 있는 친일공직자금지법에는 어떤 형태로든 독도 지우기에 가담한 친일 매국병 공공기관장에 대한 징계 조치도 포함될 것입니다.

지난 주말 한준호 최고위원과 함께 전남 곡성과 영광에 가서 지역 국회의원, 지방의원, 군수 출마자 등을 만나고 시장 방문 등 현지 사정을 살피고 왔습니다.

전남 지역은 민주당의 정치적 원천일 뿐만 아니라 이재명 대표의 에너지 고속도로 실현의 최우선 지역이기도 합니다. 특히 곡성은 인구 소멸 고위험 지역이고, 영광은 지역자원시설세 등을 활용한 기본소득 실현의 최적지라는 점에서 민주당의 정책 선도 지역이 될 것입니다. 당은 한편으로는 혁신과 공정 경쟁이라는 원칙 하에 깨끗하고 유능한 후보를 내세우고, 또 한편으로는 당 차원의 적극적 정책 지원으로 민주당만이 지역의 발전과 미래를 책임질 유일한 대안임을 확실히 하겠습니다.

저와 이한주 민주연구원장님이 함께 이번 주에 다시 현지를 방문해서 지역 기본소득 정책을 포함한 당 차원의 정책 구체화 작업을 시작할 것입니다.

이재명 대표가 이끄는 민주당의 호남, 전남 정책은 단순히 "민주당이니까 지지해 달라"가 아니라, "민주당만이 지역 발전의 구체적 대안과 역량과 책임감을 갖고 지역을 발전시킬 수 있다"가 될 것입니다.

민주당은 이제 호남이 우리의 정치적 고향이니 무조건 당연히 도와달라고 지지를 부탁하는 정치세력을 넘어 호남의 발전과 미래를 책임지는 비전과 역량을 갖춘 유일 정치세력으로서의 책임을 다할 것입니다.

민주당과 이재명 대표가 호남을 발전시킬 것입니다.

최고위원회의(24. 08. 26)

3 부산은 매번 속고 표 주는
국힘 전당포가 아닙니다

영상을 보겠습니다.
국힘은 부산을 거짓말로 이용만 해온 부산 무시 홀대당입니다.
산업은행 이전 정지 작업은커녕 오세훈 시장도 산은 노조도 설득 못 하면서 왜 민주당 탓을 합니까?

엑스포 책임 피하려고 산은 팔이로 총선 치른 후에 한동훈 대표가 한 게 뭐가 있습니까?
금융계와 노조를 설득했습니까? 설득할 실력은 됩니까? 친윤 대타 오세훈을 누를 힘은 됩니까? 한 대표가 한다면 될 일도 안 되는 게 여권 공식 아닙니까? 한 대표가 말해서 된 일이 하나라도 있습니까?

법 지키라 했다고 해당 상임위도 아닌 김민석 탓까지 하는데 독대 요청에 이어 남 탓도 스토커식입니다. 한 대표가 그리 원한다면 산은이든 침례병원이든 언제든지 얼굴 보고 문답에 응해드리겠습니다.

이재명 대표가 성남에서 살린 공공병원을 국힘이 전국에서 없애는데, 한 대표가 무슨 수로 금정 침례병원을 살립니까? 윤석열 대통령도, 박형준 시장도, 국힘 국회의원도 안 하고 못 한 일 아닙니까?

부산은 매번 속고 표 주는 국힘 전당포가 아닙니다. 지난 총선에서 부산만 봐줬던 김건희·윤석열 심판, 부마항쟁기념일 10월 16일엔 부산이 할 겁니다.

부울경 메가시티도 가덕 신공항도 부산 민주당이 추진했고, 부산 국힘이 흔들었습니다.
부울경산업금융법과 금정 공공 침례병원, 민주당이 만들겠습니다. 국힘과 윤석열, 한동훈은 못 합니다. 진짜 실세 김건희도 못 합니다. 민주당과 이재명은 합니다.

오늘 이재명 대표의 위증교사 사건 구형이 있습니다. 검찰이 제시한 위증교사 근거 발언 자체가 창작과 편집, 조작의 산물입니다. 정치검사들의 진짜 전공이 법학이 아니라 판타지 소설이란 걸 이번에 알았습니다. 국민에게 안 팔리고, 법원도 안 살 겁니다.

못 먹는 감 찔러나 보자고 이번에도 법정 최고형을 구형한다면 검찰과 해당 검사에게 대대손손 기록될 인생의 수치만 추가하게 될 것입니다.

최고위원회의(24. 09. 30)

4 트럼프발 변화를 활용해 평화와 경제를 살리겠습니다

트럼프 2.0시대의 다양한 변화가 예상됩니다. 미국 우선 보호무역주의가 강화되고, 대중국 디커플링과 보복 관세로 통상 환경이 변화하고, 자동차 등 대미 흑자 산업의 통상 장벽이 높아지고, 우크라이나 전쟁 조기 종결 가능성도 높아질 것입니다.

한미일 공조보다는 거래 기반의 한미동맹 재조정에 초점이 맞춰지고, 트럼프-김정은 정상 외교 재개를 통한 북미 관계 조정도 가능할 수 있습니다. 바이든-기시다 시절 미국과 일본이 발맞추던 한미일 공조 흐름도 변수가 있고, 반도체와 에너지 등에서 미국의 압박을 우회할 전략도 요구됩니다. 일본의 기시다 체제도 바뀌었습니다.

사법 리스크를 돌파하고 의회 장악력까지 높인 트럼프 당선자에 대응할 외교력의 재정립이 대한민국 생존의 핵심 당면 과제가 된 것입니다. 대한민국은 지도자와 국민 모두 외교를 잘해야 사는 나라라고 강조한 김대중 대통령의 말처럼, 민주당과 이재명 대표는 외교력 강화에 집중할 것입니다. 경제도 민주당, 성장도 민주당, 외교도 민주당입니다.

모든 트럼프발 변화를 활용해 평화와 경제를 살리겠습니다. 독일과 프랑스조차 파병을 절제해 온 우크라이나에 살상 무기 지원이나 파병을 강행하려는 무모한 시도는 국민 안전에 역행하고 미국의 정책 흐름에도 맞지 않으므로 단호하게 제동을 걸고, 국회 동의 없는 일체의 파병에는 국방부 장관 탄핵으로 대응하겠습니다. 상식과 지성의 정상 궤도를 이탈한 무능 정권이 무능 외교와 무능 안보로 국민을 전쟁 위험에 빠뜨리는 것은 반드시 막겠습니다.

무인기 사건 해결과 남북 핫라인 개설 등을 위해 트럼프 당선자 측과의 공감대를 높이는 다양한 당적 노력도 진행될 것입니다. 민주당과 이재명 대표가 대한민국의 평화와 경제를 지키겠습니다.

온 국민의 마음 건강을 해친 윤 대통령 회견에 한마디도 못 하고 이재명 대표에 시비 거는 한동훈 대표를 보니 실패한 이조 심판론의 추억이 떠오릅니다. 그렇게 가면 대통령보다 먼저 곧 물러납니다.

최고위원회의(24. 11. 08)

5 K먹사니즘이
   주술 검사 통치를 누를 것입니다

천하 대세가 바뀌고 있습니다. 트럼프 재선은 퍼펙트 스톰입니다. 세계와 한반도의 격변이 시작됩니다. 우크라이나 조기 종전과 김정은 관계 회복을 공언하는 새 미국 앞에서 우크라이나 개입과 이념 전쟁을 운운하는 바보 정권의 공간은 없습니다.

트럼프가 정치검사를 혐오한다는 외신대로라면, 상대를 보아 말문을 고르는 게 아메리칸 파이보다 천배 중한 국익입니다. 미국 대선 전부터 빠져든 골프 도락의 소문을 덮으려 트럼프 외교 대비 운운 뻥치지 말고 제발 공부 좀 하십시오.

해리스 당선을 떠든 천공에서 명태균까지 돌팔이들의 약발도 다해 갑니다. 집회 방해와 캠퍼스 진입을 지령한 대세 불감 경찰 수뇌부는 예산 삭감과 국민 징계에 처할 것이며, 관저 이전부터 손바닥 장식까지 주술에 기대온 김건희 영적 그룹의 신통력은 국민의 민주 신념에 무너질 것입니다.

미국식 검사 정치를 미국식 먹사니즘이 이겼습니다. 이재명 대표를 향한 검찰 족쇄도 헛것이 되리라 한 국힘 중진의 예견이 맞을 겁니다. 한국형 먹사니즘도 주술 검사 통치를 누를 것입니다.

트럼프 먹사니즘에 대응해 국익을 지킬 K먹사니즘을 세우고, 강원도 국힘 도지사도 받아들인 출생 기본소득과 기본사회 정책을 다듬고, 이재명 대표의 최근 관심사인 월급쟁이 보호 정책을 심화하고, 에너지 고속도로 정책을 다지겠습니다.

결국 오직 민생을 보는 민주 세력이 오직 주술을 보는 왕국 세력을 이길 것입니다. 이제 그들의 내리막 시작입니다.

최고위원회의(24. 11. 11)

6 무너진 성장과 민주주의를 반드시 회복하겠습니다

윤석열이 자기는 간다며 정권 재창출을 부탁했답니다. 나는 감옥 가고 파면될 거니 정권 유지해서 빼달라는 겁니다. 국힘도 일시적 반등에 자만해 2기 윤석열 정권을 꿈꾸며 대선 준비 총력전에 나섰다고 합니다.

내란 세력의 반성 없는 권력 집착이 민주 헌정과 민생 경제의 회복을 막고, 가짜뉴스와 극단주의를 확산시키고 있습니다.

경제 무능, 외교 무능, 내란 세력 윤석열 국힘 정권은 오직 이재명 대표만 물고 늘어지지만, 이재명 탓만 하면 윤석열 국힘 내란 정권의 죄가 덮어집니까? 국민에게 사과하고 내란특검부터 협조하십시오. 반성 없는 내란 세력에게 계속 나라를 맡기는 민주 국가는 없습니다.

윤석열 국힘 내란 세력과 대한민국이 싸우고 있습니다. 윤석열 정권 계속이냐, 내란 세력 심판이냐? 심판이 순리입니다.

지금 대한민국에 가장 절박한 과제는 성장과 민주주의의 회복입니다. 민주당과 이재명 대표는 국민과 함께 내란 정권을 심판하고 무너진 성장과 민주주의를 반드시 회복하겠습니다. 동시에 내란의 망상을 초래한 가짜 뉴스, 극단주의도 뿌리를 뽑아 국민과 함께 합리와 상식의 대한민국을 재건하겠습니다.

최고위원회의(25. 01. 17)

7 정권교체가 설 민심의 최대 요구고 민주당의 절대 과제입니다

안녕하십니까? 설 연휴 잘 보내셨습니까? 새해 복 많이 받으십시오.
현장 여론과 여론조사를 종합한 설 연휴 민심 관련 몇 가지 말씀드리고자 합니다.

1. 우선 여론조사입니다. 여론조사는 추세와 방향을 판단하는 중요한 참고 자료입니다.
각종 조사 결과에 대해서는 개방적인 자세를 유지하면서 더 정확한 분석 방법을 찾으려 계속 노력하고 있습니다. 탄핵 국면 이후 보수층의 응답이 평소와 상당히 다른 흐름을 보인 바 있어서 조금 더 신중히 분석하고 있습니다. 진보층과 중도층의 조사 결과는 일관된 흐름이 유지되고 있습니다. 실제 민심과 관련해서는 중도층의 흐름이 중요합니다.

진보층과 중도층의 흐름은
첫째, 윤석열 탄핵 및 파면 찬성과 민주당 지지, 즉 정권 교체론이 우세합니다.
둘째, 이재명 대표의 개인 지지가 큰 폭의 1위를 계속 유지하고 있습니다.

이재명으로 정권교체의 큰 흐름이라 할 수 있습니다.

윤석열 구속 기소가 확정된 시점에서 이 흐름은 앞으로도 유지될 것입니다. 국가 위기에 위기극복의 안정적 리더십을 요구했던 과거 김대중, 문재인 대통령의 예를 감안할 때도 국가 위기인 현재 이 흐름은 더욱 강화되어 상수가 될 것으로 봅니다.

2. 여론조사로 나타나는 보수층의 결집과 보수층 내의 극우 강세 흐름은 현실로 지속될 경우 한국 정치의 중요한 변수가 될 것입니다.

계엄 내란 옹호, 부정선거론 확산, 법원 폭동 옹호, 김문수 후보 부상 등이 그 현상입니다. 이미 전광훈 집회와 극우 유튜버가 집권당 국힘을 좌지우지하며 보수의 중심에 자리 잡은 상황입니다. 보수가 뉴라이트를 넘어 폭력, 테러, 파시즘과 결합될 수 있는 극우화의 조짐입니다. 극우의 극복은 한국 민주주의의 새로운 과제가 되고 있습니다.

이런 극우화 흐름은 여론조사로 볼 때 중도층 지지 확산에는 도움이 되지 않는 것으로 나타나고 있습니다. 다만 이런 극우화는 국힘이 이재명 때리기에 올인하는 쪽으로 방향을 잡는 데에는 상당한 영향을 미친 것으로 보입니다. 포지티브한 자기 내용 없이 오로지 이재명 탓, 이재명 때리기, 이재명 죽이기만 하다가 대형 사고를 내고 스스로 자폭한 대표적 케이스가 바로 윤석열 계엄입니다.

집권당이 윤석열과 똑같이 모든 사법 기관과 절차를 비판, 부정하고 오로지 이재명 때리기만을 정치적 생존 전략으로 설정하는 것은 결과의 실패가 뻔한 자해 행위입니다. 아무리 이재명 탓으로 덮어도 본질은 결국 계엄과 내란, 폭동의 옹호입니다. 그런 입장이 대한민국의 다수 의견이 될 날은 없을 것입니다.

국힘이 이재명 때리기 네거티브에 대한 병적인 집착의 늪에서 빠져나와 계엄에 대해 사과하고 윤석열과 선을 긋고 제대로 경쟁을 시작하기를 권합니다. 민주당은 내란특검법을 대폭 양보했던 기조의 연장선에서 경제 회생과 내란 극복을 위해 정치적 전환점을 함께 찾게 되길 바랍니다.

3. 여론조사와 별도로 연휴 기간 중 민주당을 향해 전국 곳곳에서 가장 많이 쏟아진 주문은 "빨리 끝내고 경제 살려라"는 것이었습니다.

12.3 계엄의 밤 이후 체포와 구속, 기소에 이르기까지 불면의 긴장이 너무 길었고, 그 과정에서 한국 경제를 강타한 경제적 충격은 너무 깊고 전방위적이었습니다. 내란 극복을 위한 긴장감이 여전히 요구되지만, 망가진 민생 경제에 집중해 달라는 요구가 한층 커진 이유로 봅니다. 이러한 민심의 요구에 따라 경제 회생과 그를 위한 중장기 성장 전략 마련 노력도 더욱 강화할 것입니다.

내란 이후에 생긴 극도의 사회적 긴장과 갈등을 완화할 민주당의 성숙하고 신중한 언행에 대한 요구도 많았습니다. 내란진압의 격정을 한 톤 낮추는 차분함을 요구하는 목소리도 상당히 있었습니다. 더 큰 책임감으로 무겁게 듣고 반영할 것입니다.

4. 윤석열 파면의 민심은 대세지만 낙관하고 긴장을 놓을 수 없는 정치적 환경이 지속되고 있습니다.

윤석열 파면이 확정되지 않은 상황에서 당장 조기 대선 준비를 시작할 수는 없는 상황임을 당원과 국민 모두가 이해해 주실 것으로 생각합니다. 단결해서 내란 옹호 흐름과 싸우면서도 국민을 안심시킬 보다 좋은 민생 정책을 내놓으며 정치를 보다 정상화하는 국면으로 설 연휴를 기점으로 전환해 갈 것입니다.

당원 주권 민주주의의 토대 위에서 당원 및 국민들과의 소통 및 정책 토론도 보다 활발하게 전개해 가겠습니다. 광장에 열린 국민적 에너지 및 요구를 수렴하는 노력도 본격적으로 시작하겠습니다.

5. 결론적으로 정권교체가 설 민심의 최대 요구고 민주당의 절대 과제입니다. 흔들림 없이 실현해 가겠습니다.

설 민심 관련 기자간담회(25.01.30)

8 민주당의 가치는 일관되게 건전한 합리적 보수를 포괄해 왔습니다

민주당의 강령과 역사 연구자들에게 중도 보수는 새로운 이야기가 아닙니다. 1955년 창당 때 중도적 국민정당으로 출발했고, 강령에 중도를 명시해 왔고, 미국이나 유럽 등 국제적 기준으로 볼 때 보수 노선 위에 서 있어서 김대중 등 역대 민주당 지도자들도 종종 써온 표현입니다. 민주, 성장, 분배, 평화, 안보, 개혁, 모두 민주당의 전통이며 가치입니다.

내란 이후 민주당 의원들이 이재명 대표의 제안으로 국회의원 배지와 함께 태극기 배지를 차고 있는 의미는 무너진 민주 헌정의 가치를 회복하자는 의지입니다. 정상적인 보수라면 당연히 공감할 방향일 것입니다. 민주당의 가치는 일관되게 건전한 합리적 보수를 포괄해 왔습니다.

문제는 국힘입니다. 국힘의 정체성은 뭡니까? 헌법 파괴, 내란 옹호, 폭력 사주, 헌재와 법원 압박, 특검 저지에 몰두하며 대한민국의 기본 가치를 부정하는 세력이 무슨 보수입니까? 민주당과 이재명 대표에게 시비 걸고 투정하는 것 외에 하는 일이 뭡니까?

지금 국힘은 한국 정치의 집 나간 탕아로 전광훈이 시키는 대로 하는 극우 전광훈 2중대가 되었습니다.

헌재 판결이 임박했습니다. 국힘은 윤석열이 파면돼도 불복하고 저항할 겁니까? 윤석열과 100일 내에 절연 안 한다고 오늘 공개 선언할 수 있습니까?

민주당이 합리적 보수를 포괄한다 하니 국힘이 많이 당황했나 봅니다. 집 나간 국힘, 윤석열과 전광훈의 품을 벗어나 집으로 돌아오십시오.

최고위원회의(25. 02. 21)

9 정권교체만이 답입니다

민주화 이후 국회에 계엄군이 난입한 것도 처음이었지만, 민주화 이후 여당 대표가 국회 대표 연설 내내 야당과 야당 대표만 목놓아 비난한 것도 처음이었습니다.

정치는 희망을 제시하는 것이고, 정당 대표 연설, 특히 여당 대표 연설은 희망을 제시하는 것입니다. 그것이 최소한의 품격과 양식이고, 의무이고, 전통입니다. 국민의힘이 정통 보수정당이라는 마지막 멘트를 들으며 이 땅에 정통 보수정당은 확실히 사라졌음을 재확인했습니다.

어제 권성동 대표 연설은 남 탓만 하다 친위 쿠데타를 벌인 윤석열의 남 탓 DNA가 국힘의 정체성으로 확립됐음을 보여준 보수여당의 장송곡이었습니다. 진정한 성찰과 사과와 비전과 희망의 메시지가 없는 보수여당은 살아남은 적이 없습니다.

세 번 닭 울기 전 주인을 배반했듯, 결국 국힘은 100일 안에 윤석열을 부정할 것이고, 머지않아 간판을 바꿔 달 것입니다. 절대 그렇지 않으리라 자신하는 국힘 의원들은 정치생명과 직을 걸고 앞으로 나서 국민 앞에 약속해 보십시오.

민주당은 시대가 원하는 민주주의와 성장 회복의 길을 갈 것입니다. 이미 헌정 수호의 의지도, 국가 비전의 고민도 잃고 폭력 극우 세력에 얹혀 만년 야당처럼 타락해 버린 국민의힘에 더 이상 나라를 맡기는 것은 불가능합니다.

정권교체만이 답입니다.

최고위원회의(25. 02. 12)

10 국민이 내란승계 정부를 원하겠습니까?

내란당 국힘의 주류가 내란 대행 한덕수 후보 만들기에 들어갔습니다.

대선 승리보다 당권 장악을 노리는 당권파의 유혹에 취한 한덕수 대행은 노욕에 빠져 위헌 월권의 헌재 쿠데타에 이어 트럼프 통화까지 팔아가며 출마 장사 언론 플레이를 시작했습니다.

우후죽순 내란승계 후보군에 노욕의 내란 대행 후보까지 거론되는 국힘당이 딱합니다.
내란 사과하고, 윤석열 제명하고, 깨끗하게 새 출발하는 게 국힘을 위해서도 나라를 위해서도 가장 나은 길입니다.

국민이 내란승계 정부를 원하겠습니까?
내란당 국힘도 내란대행 한덕수도 정신 차리십시오.

최고위원회의(25. 04. 11)

11 한덕수 대행은 들러리용 윤석열 아바타로는 딱입니다

국힘 주류의 대선 목표가 내란승계와 당권장악으로 정리되었습니다. 무의미한 극우 경선이 된 당내 경선에서 뽑힐 국힘 후보 대신 한덕수 대행을 내세운 단일화 쇼로 당권을 유지하는 플랜입니다.

헌법 무시, 영어 과시, 후안무치, 부인의 무속 친화설은 윤석열 판박이이고 당내 기반도 없으니 들러리용 윤석열 아바타로는 딱입니다. 차라리 국힘 경선 일정을 한덕수 출마 선언 이후로 늦추는 것이 나을 것입니다.

국힘 내란 후보와 무소속 내란 후보를 합쳐 봐야 1 더하기 1이 1이 되는 똑같은 내란 후보입니다. 국민은 내란승계 후보를 거부할 것입니다.

한덕수 대행이 윤석열 정부 총리로 행한 경제 무능, 위헌·위법에 더해 노욕의 대권 출마로 망가지는 것은 본인의 선택이지만, 새 정부 출범 후 타결할 대미 관세 협상을 졸속으로 망가뜨릴 권한은 없고, 새 정부 출범 전까지 관세 문제를 성실히 파악하고 국회에 보고할 책임은 큽니다. 새 정부 출범 전인 대선 기간에라도 대미 통상 관련 국회-정부 협의가 필요하다면 해야 합니다. 국가의 명운이 걸린 관세 문제에서 한 대행과 현 내각의 월권도 무책임도 용납할 수 없습니다.

노욕의 난가병에 빠져 모호성을 유지하며 어설픈 출마설 언론 플레이를 계속할 거면 오늘 당장 제 발로 그만두길 권합니다.

최고위원회의(25. 04. 14)

12 임시 대행의 대권 노욕, 방탄 속셈 통할 줄 아십니까?

한덕수 대행이 출마 여부를 묻는 질문에 노코멘트라 답했습니다. 영어 애용가 한 대행께 영어로 돌려드립니다. 이럴 때 미국에서는 bullshit이라고 합니다. 노코멘트란 영어권 외교가에서 Yes의 다른 표현이자 답변 거부입니다. 어디 국민 앞에 영어 자랑하며 헛소리를 합니까?

파면된 윤석열 잔여 내각의 권한대행과 선출된 대통령이 똑같다고도 했습니다. 정확한 자기 고백입니다. 윤석열과 한덕수는 똑같습니다. 우열을 가리기 힘든 무책임한 망상가들입니다. 협상 시작도 전에 상대국에 전략을 노출하는 무식함과 국민에게 영어로 사기치는 오만함이 판박이입니다. 대한민국에서 미국 물은 혼자 다 마셨습니까? 가장 유치한 유형입니다.

새 정부의 35일 협상 시간까지 충실한 예비 작업이 임무인 한시 대행이 웬 전권 타령입니까? 내란 공범 임시 대행이 주제와 본분을 모르고 노욕의 대권을 꿈꾼다면 망신은 자유지만, 처신은 오버하지 마십시오. 자기 장사에 정신 팔린 노욕의 대통령병 병자가 선거 관리와 대미 협상을 단 한

시라도 제대로 하겠습니까?

다가올 내란 수사를 피하기 위해 승산도 없는 대선 후보자로 바꿔 타려는 음흉한 방탄 속셈이 통할 줄 압니까? 이미 족합니다. 물러나십시오.

권성동 원내대표는 아직도 여기자 폭행을 사과 안 했습니까? 명색이 제2당 원내대표니 자진해서 국회 윤리위 판단을 구할 기회를 드립니다. 윤석열-한덕수-권성동 어쩌면 똑같이 뻔뻔한 일란성 세 쌍둥이 같습니까? 결국 내일의 한국 정치에서 모두 추방될 것입니다.

최고위원회의(25. 04. 21)

9장

진짜
대한민국

1 이재명 리더십

오늘은 리더십 문제를 제기해 보려 합니다.

왜 내란 이후 일관되게 이재명 대표는 지지율 1위이고, 왜 국힘은 이재명 대표를 못 이기는가? 이재명은 시대 흐름을 보고 가는데, 국힘은 시대 흐름을 안 보고 이재명 뒤만 쫓아가기 때문입니다.

리더십의 핵심은 시대정신이고, 시대를 보는 리더십이 이기는 게 당연합니다. 이재명 대표의 내란 극복 리더십을 10가지 포인트로 정리해 보겠습니다.

첫째, 계엄을 예견하고 여야 대표 회담에서 경고했습니다. 테러와 사법살인 시도와 싸워내며 다져진 판단력이었습니다.

둘째, 계엄 해제를 주도했습니다. 의원들을 모으고, 위험을 무릅쓴 용기 있는 라방으로 시민들을 모았습니다. 이 대표의 라방은 계엄 해제의 결정적 견인차였습니다.

셋째, 시민과 국회가 결합하는 여의도 집회를 제안하고 성사시켰습니다.

넷째, 시민 항쟁을 빛의 혁명으로 호명하며 역사성을 부여하였습니다.

다섯째, 의원들의 태극기 배지 착용을 제안하여 내란 극복에 헌정 수호의 의미를 부여하였습니다.

여섯째, 헌법과 법률 위반을 중심으로 신속한 탄핵 제기와 헌법 재판의 방향을 정리하였습니다.

일곱째, '모두의 질문' 프로젝트를 가동하여 민주당이 탄핵 광장의 에너지를 수용해야 한다는 정책 방향을 잡았습니다.

여덟째, 남북 관계 개선과 복지국가에 앞서 IMF 극복을 최우선 순위로 조정한 김대중처럼, 성장 회복을 내란 극복의 최우선 정책 과제로 설정하였습니다.

아홉째, 중도적 국민정당인 민주당의 중도 보수 지향을 강조하여, 극우화한 국힘 대신 더 폭넓은 국민의 요구를 책임 있게 수용할 길을 열었습니다.

열째, 내란 극복에 동의하는 진보, 중도, 보수 당내외 정치세력과 대화와 연대에 의한 국민 통합 정치의 기초를 닦기 시작했습니다. 통합정치는 더 발전할 것입니다.

부동의 1위 지지율은 이처럼 시대적 흐름에 부응하며 축적된 리더십에 대한 국민의 평가입니다. 이재명 리더십은 국민을 믿고 변화에 대처하는 실용주의입니다.

국힘은 어땠습니까?

내란 옹호, 이재명 때리기, 무조건 반대에만 몰두하며 극우의 전광훈 2중대가 되어버렸습니다. 내란 극복이 국가적 과제인데 내란과 폭력을 옹호하고 계엄 해제를 안 했어야 한다고 망언하고, 시대적 과제를 고민하는 대신 이재명 트집 잡을 방법만 고민하고, 야당이 제안하는 대안에 사사건건 반대만 하니, 백날 이재명을 욕해도 이재명에게 지는 것이 당연합니다.

정치는 시대정신, 즉 시대 흐름에 대한 민감한 책임성입니다. 민주당과 이재명 대표는 시대적 요구에 답하려 노력해 왔고, 계속 노력할 것입니다. 솔직히 얘기하면 국힘이 변하지 못할 것으로 보지만, 국힘도 시대의 요구에 대해 근본적으로 다시 생각해야 합니다. 지금처럼 가면 시대착오적 만년 야당이 될 것입니다.

윤석열의 파멸적 리더십에 의한 국가적 파국을 벗어나기 위해 어떤 내란 극복의 리더십이 필요한가에 대해 생각해 보는 국민적 시간이라 오늘은 리더십 문제를 제기해 보았습니다.

중도 실용인가? 극우 극단인가? 답은 명확합니다.

현안 관련 기자간담회(25. 02. 23)

2 이재명 선거의 컨셉은 경청 선거입니다

이재명 선거의 컨셉은 경청 선거입니다.
진짜 대한민국을 만들기 위해 헌정 질서를 지켜낸 위대한 국민의 말씀을 경청하며 현장에 몰입할 것입니다.

후보부터 평당원까지 진지하고 절실하게 국민의 말씀을 들어야 합니다. 국가 위기극복을 위해 진중하면서도 역동적인 선거를 해야 합니다. 무조건 겸손하고 절박해야 합니다.
철저한 절제로 오만하고 안이한 언행을 피해야 합니다.

오늘 총괄 선대위원장님 다들 보셨습니다. 어떻습니까? 일단 그림이 좋죠? 오늘 발족한 선대위는 다채로워서 컬러풀하고, 역동적이어서 파워풀하고, 희망이 담겨서 호프풀한 풀파워 선대위가 될 것입니다. 통합된 힘으로 현장에서 경청하는 현장 경청 용광로 선대위가 될 것입니다.

풀파워 정권교체, 이재명과 함께 전력으로 승리합시다!

제21대 대통령선거 선거대책위원회 출범식(25. 04. 30)

3 진짜 대한민국 우리가 만들어냅시다

식민지에서 선진국으로 변한 유일한 나라, 산업화와 민주화를 동시에 이룬 유일한 나라, 대한민국을 침탈하려던 내란 세력을 진압하고 이제 우리는 진짜 대한민국을 만드는 대장정에 나섰습니다.

식민지를 극복하고 오늘에 이르는 지난 몇십 년의 세월은 간단치 않았습니다. 민중은 간고한 투쟁을 했고 그 과정에서 우리는 훌륭한 지도자들을 잃기도 했습니다. 식민지에서 무장투쟁의 지도자였는데, 놀랍게도 해방된 조국에서 그냥 강성 대국을 꿈꾸는 것이 아닌 문화선진국을 꿈꿨던 위대한 지도자 백범. 우리는 그를 잃기도 했습니다.

누가 그를 죽였습니까? 친일파들이었습니다. 최초의 평화적 정권을 이뤄냈고, 남북의 평화를 이뤄냈던 김대중을 저들은 끊임없이 죽이려 했습니다. 누가 죽이려 했습니까? 군부독재자들이었습니다. 이제 우리가 90%의 압도적 지지로 만들어낸 우리의 대통령 후보 이재명을 이제 저들이 다시 죽이려 하고 있습니다. 끈질긴 역사의 마귀 같은 자들이 친일파, 군사독재, 검찰독재 세력이 이제는 사법내란 세력까지 합쳐서 이재명을 죽이려 하지만 이재명이 죽도록 가만둘 민주당입니까? 민주당은 과거의 민주당이 아니고 이재명도 과거의 이재명이 아닙니다.

많은 분들이 말씀하십니다. 민주당 과거보다 잘 싸운다. 맞습니까? 그것은 민주당이 달라져서, 민주당의 국회의원들이 훌륭해서가 아니라 민주당이 당원주권이다! 민주당이 우리 당원이다! 바로 여기 계신 여러분들, 당원들의 당이 되었기 때문에, 우리가 단단해졌기 때문에 민주당이 변한 것이고 그래서 민주당은 이재명을 지키고 윤석열 내란 세력의 마지막 내란 시도를 완전히 눌러버리고 정권교체를 이뤄낼 것입니다.

흔들리지 않고 단호하게, 그러나 의연하고 신속하게, 싸울 것은 싸워가면서, 그러나 저들의 잔꾀에 당하지 않으면서, 우리는 이겨낼 것입니다. 그 과정에서 모든 우리 당원 동지 여러분들이 모두 민주당의 간판이 되고, 모두 이재명의 얼굴이 되어서 단호하게, 정성스럽게 언행에 최선을 다하면서 뭉쳐서 이겨냅시다!

그것을 결의하는 날이 바로 오늘입니다. 승리를 약속하는 오늘, 딱 한 달 남았습니다. 진짜 대한민국 우리가 만들어냅시다. 이재명과 함께 정권교체 이뤄냅시다.
감사합니다.

전북도당 선거대책위원회 출범식 및 필승 결의 대회(25. 05. 02)

4 백만인 서명운동 제안

진짜 대한민국은 대한국민입니다.

윤석열의 1차 내란, 한덕수·최상목의 2차 내란, 조희대의 3차 내란을 대한국민은 완벽하게 진압할 것입니다. 하늘은 이재명을 그토록 사랑하나 봅니다. 사랑했던 김대중에게 엄청난 시련과 시험을 안겼듯이 이재명에게 다시 시련과 시험을 마지막 순간까지 안기고 있습니다. 그 시험을 이재명은 이겨낼 것이고, 우리가 함께 그 시련 극복을 도울 것입니다.

지도자를 잃었던 적이 있습니다. 백범 김구를 친일파에게 잃었고, 장준하를 박정희에게 잃었고, 노무현을 검찰에 잃은 적이 있지만 이번에는 당하지 않을 것입니다. 이재명을 지키고 이재명과 함께 이재명을 다음번 대통령으로 만들고 정권을 교체해냅시다!

김건희가 구약을 다 외웠다고 하는 황당한 나라에서, 열 명의 윤석열 대법관들이 이틀 만에 6만 페이지를 읽었다고 합니다. 그래서 여러분께 말씀드립니다.

아마 곧 "진짜 읽었나 보자, 전자문서 열어는 봤나 확인하자, 공개하라!" 백만인 서명운동이 시작될 것입니다. 여기 계신 모든 분들이 저들보다 빨리 하루 안에 완전히 서명을 끝내고, 이 대법원에게 국민의 무서운 힘을 보여줍시다!

이겨낼 것입니다. 진짜 대한민국, 대한국민, 이재명과 함께 승리합시다. 감사합니다.

경기도당 선거대책위원회 출범식 및 전진대회(25. 05. 03)

5. 문화적 품격이 있는 정당으로 가자

오늘 이 순간, 이 자리는 우리 당의 역사에서 오래 기억될 것이라고 생각합니다. 좀 다르지 않습니까? 문화적인 품격이 있는 출범식입니다. 우리 당은 식민지를 극복하고 그 어려운 시점에 문화강국이라는 놀라운 비전을 세운 백범, 그러한 민족주의와 민주주의의 전통을 이어받은 정당입니다. 그 정당이 중산층과 서민의 당이라는 그러한 것을 더 뛰어넘어서 아마 앞으로는 정권교체를 하고 K이니셔티브를 주도하는 정당이 되어서 중산층을 두텁게 하는 정당, 세계의 민주주의를 선도하는 정당, 문화적 품격을 가진 정당이라는 새로운 규정으로 다시 정해질 때가 오고 있다고 생각합니다.

우리가 책임져야 하고 우리가 터전으로 삼고 있는 서울도 마찬가지입니다. 대한민국의 행정수도라는 정체성을 넘어서 서울은 한류의 중심인 세계 문화수도, K민주주의의 중심인 세계 민주수도로 정체성을 갖게 될 것입니다. 서울을 대표하는 더불어민주당 서울시당은 세계의 민주주의와 한류의 세계화를 선도하는 문화적 품격이 있는 세계 대표 민주정당이 될 것입니다. 그런 점에서 저는 우리 당 최초로 문화적 품격이 있는 출범식을 만들어낸 장경태 위원장에게 뜨거운 박수를 부탁드립니다. 이런 타고난 감각을 지닌 젊은 시당위원장을 가지고 있다는 것 자체가 우리 당의 운명이고 미래입니다.

우리는 승리할 것입니다. 윤석열의 1차 내란, 한덕수·최상목의 2차 내란, 그리고 조희대의 3차 내란을 진압하고, 과거에는 백범 김구도 잃고, 장준하도 잃고, 노무현도 잃었지만 저들이 그토록 죽이려고 하는 이재명을 절대 잃지 않고 앞장세워서 대통령으로 만들고, 세계를 주도하는 그런 민주국가로 반드시 만들어낼 것이고, 그 맨 앞장에 서울이 있을 것입니다. 지난번엔 우리가 졌지만 이번에 우리는 비겨서 이기는 것이 아니라 압도해서 우리가 이겨냅시다.
감사합니다.

서울시당 선대위 출범식 및 전진대회(25. 05. 03)

6 지금은 이재명입니다!

안녕하십니까. 더불어민주당 수석최고위원 김민석입니다.

존경하는 국민 여러분, 대통령 선거가 얼마 남지 않았습니다.

왜 지금 대통령 선거를 하고 있는가?
실정을 거듭하며 아내의 비리를 덮어주던 윤석열 전 대통령이 급기야 내란 쿠데타를 일으켜 파면됐기 때문입니다.
내란진압과 위기극복이 이번 대선의 숙제입니다.

저는 DJ라는 애칭으로 불렸던 김대중 대통령을 존경합니다.
DJ가 20대의 저를 발탁하고 키웠습니다.
몇 해 전부터 김대중과 이재명의 삶이 겹쳐 보였습니다.

고난의 개인사에서 쌓인 내공으로 국가 위기극복에 사용하는 위기극복의 서사입니다. 초등학교만 나온 소년공에서 변호사, 시장, 도지사를 거쳐 유력 대통령 후보가 된 이재명 후보는 저와 동년배지만, 저희 또래 중

그 정도로 고생한 사람은 드뭅니다.

1997년 IMF 위기 한복판에서 행해진 취임식 중간에 DJ가 말을 못 잇고 울컥했던 장면을 기억하십니까? 우리 모두는 지금 땀과 눈물을 요구받고 있습니다.
잘못은 지도층들이 저질러놓고, 고통은 죄 없는 국민이 당하는 것을 생각할 때 한없는 아픔과 울분을 금할 수 없습니다.

이 대목에서 DJ도, 온 국민도 울컥했습니다.
인수위도 없이 출범할 다음 대통령 취임식에서 이재명 당선자가 국난 극복을 선언하며 울컥하는 모습. 우리는 그 모습을 다시 보게 될지 모릅니다.

얼마 전 이승만, 박정희, 김영삼, 김대중 대통령을 참배한 이재명 후보가 마지막에 박태준 전 총리 묘역을 찾았습니다.
저는 박태준 전 총리의 애국심과 실력을 깊이 존경합니다.
군 출신으로 박정희 전 대통령이 신뢰했던 정통 보수였지만, 진보적 문인들을 후원할 만큼 열려 있던 분이었습니다.

IMF 위기 앞에서 김대중, 김종필, 박태준 세 분이 DJP 연합을 결성했습니다.
평화적 정권교체, IMF 극복, 남북 평화, 복지국가가 모두 DJP 연합의 성과였습니다.

9장 | 진짜 대한민국

DJP 연합은 김대중이 김종필과 박태준의 손을 잡은 것이었지만, 동시에 김종필, 박태준이 김대중의 손을 잡은 것이었습니다.

왜 두 보수 거목이 김대중의 손을 잡았을까요?
"정권교체가 불가피하다, 김대중 외에 대안이 없다, 이념을 넘어 나라를 살리자."
이런 애국심과 합리적 판단 때문이었습니다.
지금이야말로, 이런 보수의 결단이 필요한 국가적 위기입니다.

이재명은 김대중의 길을 갈 것입니다. 이념을 넘어 실용으로 어깨동무하고 나라를 살릴 것입니다. 윤여준, 이석연, 정은경, 권오을, 이인기, 최연숙, 김상욱, 김용남, 허은아. 이런 합리적 중도보수 리더들이 이재명의 손을 잡기 시작했습니다.

진보, 민주당, 이재명의 힘만으론 못 합니다.
더 많은 보수와 중도의 리더들이 힘을 합쳐야 합니다.
중도보수론은 일시적 구호가 아닙니다.
민주당은 더 큰 공간을 만들 것입니다.

이재명 후보가, 고향 대구 경북을 찾아 말했습니다.
우리가 남이가? 이재명이 남이가?
이재명은 민주당이 배출한 첫 TK 출신 대통령이 될 것입니다.

지역 연고를 봐달란 뜻이 아닙니다.
오직 실력을 보고 찍어달라는 안동 출신 이재명의 간절한 호소입니다.

지난 IMF보다 더한 제2의 IMF 위기입니다.
정치도 국민도 크게 보고 힘을 모아야 할 때입니다.
나라를 걱정해 온 보수도, 나라의 중심을 자부해 온 TK도, 이재명을 찍지 않을 이유가 없는 것 아닙니까?

저는 얼마 전 《이재명에 관하여》라는 책을 냈습니다.
가까이에서 본 이재명은 한마디로 쿨한 남자고, 유쾌한 토론가, 합리적 실행가입니다.
그 정도 고생했으면 주름질 만도 한데, 천성적 밝음을 잃지 않습니다.
판단이 빠르고, 결정을 신중히 하고, 토론을 진심으로 하는 그를 보며 많이 배웠습니다. 웃거나 경청하거나 설득하고 토론하는 모습. 그게 제가 본 이재명의 모습입니다.

그러나 능력보다 중요한 이재명의 진짜 덕목은 그의 국민주권 철학입니다.
영화 〈아바타〉의 생명의 나무를 기억하십니까?
저는 거의 10년 전 그 나무를 집단지성에 비유했던 그의 말을 기억합니다.
탁견이었습니다.

우리는 집단지성 민주주의의 새 시대를 살고 있습니다.

성남과 경기도에서 성과를 낸 것도, 계엄의 공포 앞에서 라이브 방송을 켜고 국회로 와달라 호소한 것도, 결국 정치는 국민이 한다는 이재명의 철학이 배어나온 것입니다.

시대정신에 충실한 사람이 결국 리더가 됩니다.
오늘의 이재명 대세는 그가 시대정신의 방향으로 걸어온 결과입니다.
오랜 광야 생활을 거쳐 정치에 돌아온 제가 이재명 후보와 함께 해온 이유도 철학이 같기 때문입니다.

저는 정치를 일찍 시작해 많은 권력을 가까이서 관찰했습니다.
민주적 박정희 노선을 생각할 만큼, 보수와 진보를 균형 있게 보려 해온 편이고, 아무리 탁월한 리더라도 인간적 한계가 있다고 생각하는 사람입니다.

그래서 이재명 후보가 밝힌 권력분산의 개헌을 지지합니다.
감사원을 국회로 보내고, 검찰 권력을 절제하고, 대법원을 더 민주화하고, 지방정부를 키우고, 국회 권한을 키워야 합니다.

더 민주화된 나라, 정치보복이 없는 나라, 그것이 지긋지긋한 정치보복에 당하면서도 유쾌함을 지켜온 이재명이 바라는 세상이라고 믿습니다.
저도 그런 세상을 원합니다. 그런 길로 가도록 채찍질하고 도와주십시오.

대통령 하나 교체를 넘어, 국민주권정부, 국민주권시대로 가는 정권교체를 만듭시다.
그러면, 3.1운동과 4.19, 5.18과 빛의 혁명이 그랬듯 오늘의 위기도 이겨내고, 세계 최고의 매력국가, 민주국가, 문화국가가 될 것입니다. 우리의 젊은이들은 세계를 주도하는 세계 대표 시민으로 살게 될 것입니다.

주술 권력, 쿠데타 동조 세력에게 계속 대한민국을 맡기시겠습니까?
김구 선생을 중국 국적이었다 우기는 반지성적 뉴라이트에 표를 던지시겠습니까?
계엄 세력을 사면시킬 대통령을 원하십니까?

국민을 하나 되게 하는 투표로 국민과 단일화한 후보를 선택해야 합니다.
나라를 생각하고, 김대중처럼, 김종필처럼, 박태준처럼 진영을 넘어 힘을 모아야 합니다.

색깔을 넘어 8:0 만장일치를 결정한 헌법재판소의 뜻을 살려야 합니다.
존경하고 사랑하는 국민 여러분!
얼마나 어려우십니까?

힘을 모아주십시오. 바꿔주십시오.
아슬아슬한 박빙 승부가 아닌 안정적 승리를 만들어주십시오.
최소한 2년은 안정적으로 위기극복에 전념할 수 있도록 지혜를 모아주십시오.

이재명도, 민주당도 오직 위기극복과 경제 살리기에 모든 걸 걸 것입니다. 이재명의 실력, 다 인정하시지 않습니까?

승리로, 안정으로, 위기극복으로, 세계 선도 대한민국으로의 도약으로 보답하겠습니다.

감사합니다.

지금은 이재명입니다!

21대 대통령선거 더불어민주당 TV 찬조연설(25. 05. 20)

7 위기극복의 충직한 참모장이 되겠습니다

국무총리 후보자로서 첫 기자간담회를 통해 국민 여러분께 인사드리겠습니다. 다시 한 번 국민주권정부, 이재명 정부를 탄생시켜주신 국민 여러분의 은혜에 깊은 감사를 드립니다. 취임 첫날부터 황무지 같은 용산 대통령실에서 야근을 시작하신 이재명 대통령의 각오를 새 정부의 모든 공직자들과 새로운 여당 구성원들이 깊이 공유하리라 믿습니다. 저도 그렇게 하겠습니다.

IMF보다 더한 제2의 IMF 위기입니다. 정치·경제·사회·문화 전반의 총체적 위기이고, 경제적 어려움의 정도가 더 깊고 넓으며, 국제적 환경이 더 복잡하여 사실상 선진국 안착이냐 탈락이냐의 국가적 대위기입니다. 향후 6개월에서 1년 내에 국가의 방향과 진로가 결정될 것입니다. 지난 대선 기간, "최소한 앞으로 2년 정도는 안정적 위기극복을 위한 힘을 새 정부와 대통령에게 주십시오"라고 호소한 이유도 그 때문입니다. 생각보다 크고 깊은 위기의 근원이 시간이 갈수록 드러날 것입니다. 새 정부는 국가 대전환의 시기에 대처하지 못하고 내란으로 악화일로에 빠져버린 현재의 위기를 정확히 드러내는 일부터 시작해야 한다고 믿습니다. 책임 추궁이 아니라 문제 해결을 위한 냉철한 위기 진단이 급선무입니다. 아직 장관도 차관도 없이 오직 대통령의 리더십만 존재하는 상황이지만, 모든 공직자가 힘을 모으고 지혜를 모아야 한다고 믿습니다.

국무총리는 대통령의 국정 방향을 풀어가는 정부의 참모장입니다. 국민들에게 보다 일상적인 국정 설명을 늘 드려야 한다는 점에서는 대국민 참모장이기도 합니다. 국민의 명령과 시대정신, 대통령의 철학과 방향을 정부가 체계적으로 실현하도록 조율하며, 국민 여러분께 성실한 설명 의무를 다하는 총리가 되겠습니다. 대통령께서 제시한 첫째 기준처럼, 국민에게 충직한 참모장이 되겠습니다. 필요한 모든 질문을 한 점 의혹 없도록 체계적으로 설명드리겠습니다.

우선 투명한 인사청문 절차에 적극 임하겠습니다. 국민과 언론의 자유롭고 철저한 신상 검증에 최선을 다해 기꺼이 임하겠습니다. 제기되는 모든 신상 질문에 대해 할 수 있는 모든 방법으로 답하고, 미처 못 챙긴 일신의 부족함이 있다면 지체 없이 양해를 구하겠습니다. 국회의 본 청문 과정은 국가의 미래를 논하는 진지한 정책 검증이 되기를 희망합니다. 국민의 뜻도 그러하리라 믿고, 성실한 정책 학습을 하겠습니다. 여야를 막론하고 내란 극복의 새 정부가 가야 할 정책적 침로의 지혜를 나누는 건설적인 토론과 제언의 장이 되도록 경청하며 성실히 새 정부와 저의 입장을 말씀드리겠습니다.

취임 후 가장 빠른 시기에, 국가의 운명이 걸린 외교통상 사안의 실마리를 풀고자, 총리 인준도 장관 임명도 경호실 정비도 마치지 못한 상태에서 G7 참석을 결정한 이재명 대통령님의 첫 해외 순방을 앞두고 총리 후보자로서 마음이 무겁고 엄숙하고 울컥합니다. 새 대통령과 정부, 국민이 함께 헤쳐가야 할 험난한 시간의 상징적 예고이지만, 그만큼 더 전력투구하여 국정을 완벽히 챙겨가자는 말씀을 모든 공직자들께 드리고 싶습니다.

내란 이후 인수위도 없이 맨바닥에서 맨손으로 시작한 정부입니다. 철저한 검증을 받는 것은 저의 몫입니다. 국회의 신속한 청문 진행을 머리 숙여 부탁드립니다.

총리 인준 전이지만, 국정에는 공백이 없도록 최선을 다하겠습니다. 비상경제대책과 물가대책 등 대통령께서 제시한 최우선 과제와, 국정기획위에서 풀어나갈 국가 과제 정립, 여야 공통과제의 정리 등 국민과 국회가 관심 가지실 모든 사안에 대해 미리 준비하고 각계의 의견을 경청하여, 인사청문 등을 통해 의견을 말씀드릴 수 있도록 준비에 만전을 기하겠습니다. 질문자에게도 국민의 시선을 개방한 대통령실의 전례를 존중하여 인사청문 준비과정부터 국무총리실도 각종 언론간담회 등을 최대한 국민들께서 편리하게 보실 수 있도록 하겠습니다.

결국 위기극복도 국민의 힘으로 한다고 믿습니다. 정치도 결국 국민이 한다고 믿는 대통령님의 철학대로, 최대한 빠른 시간 안에 모든 국정이 제

자리를 잡도록 제 모든 걸 걸고 뛰겠습니다. 다시 한 번 국민 여러분께 깊은 감사를 드리며 격려와 응원을 부탁드립니다. 감사합니다.

인사청문회를 앞둔 김민석 국무총리 후보자의 입장(25. 06. 10)

다시, 민주주의

초판 1쇄 발행	2025년 7월 1일

지은이	김민석
펴낸이	이옥란
펴낸곳	미래출판기획
출판등록	제2007-000109호
기획·편집	김민아
디자인	최미숙, 이보림
종이	(주)월드페이퍼
인쇄·제본	(주)상지사P&B
주소	서울시 영등포구 국회대로 780, 1137호 (여의도동, 여의도LG에클라트)
전화	02-786-1774
팩스	0504-381-5919
이메일	dldhrfks@hanmail.net
ISBN	979-11-85047-37-9 (03340)

※ 책값은 뒤표지에 적혀 있습니다.
※ 잘못 만들어진 책은 구입하신 서점에서 바꾸어 드립니다.
※ 이 책의 전부 또는 일부 내용을 재사용하려면 사전에 미래출판기획의 동의를 받아야 합니다.

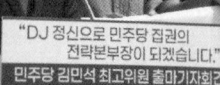

다시, 민주주의

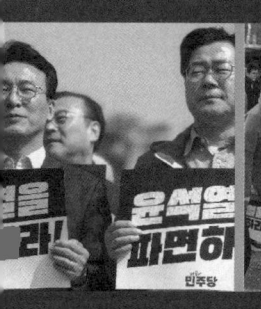

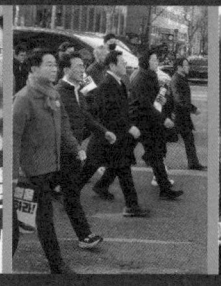

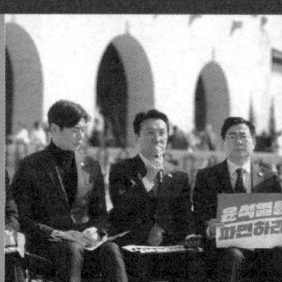

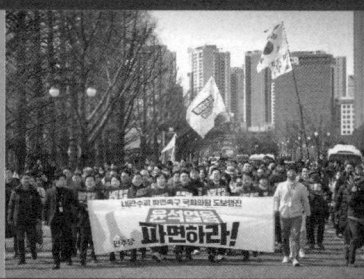

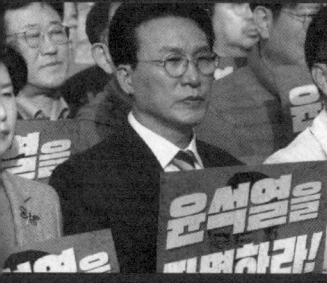

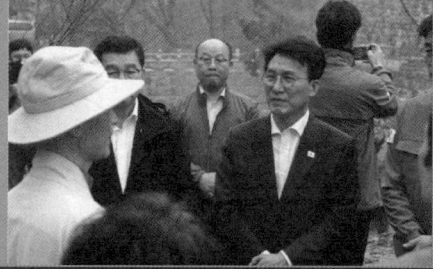

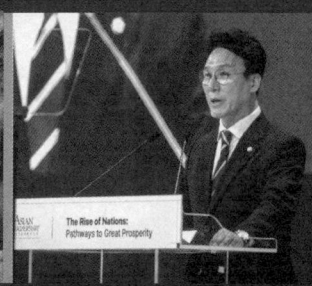

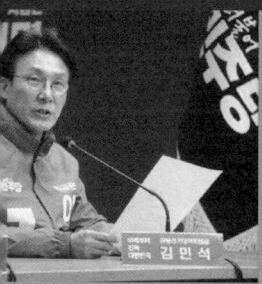

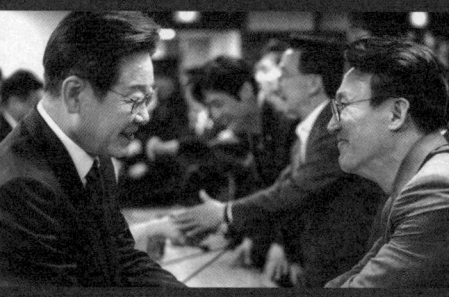

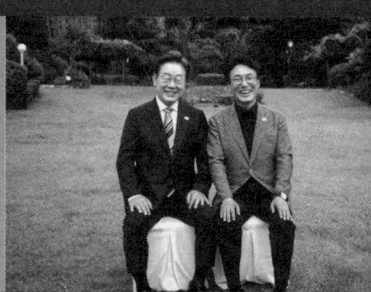

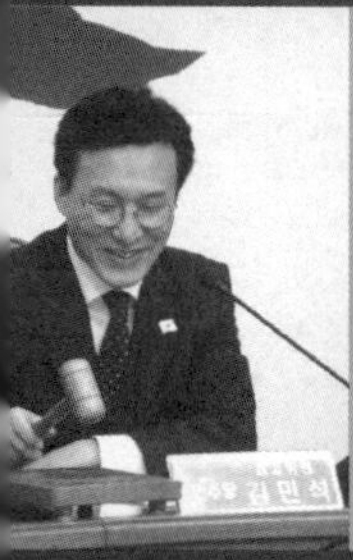
김민석
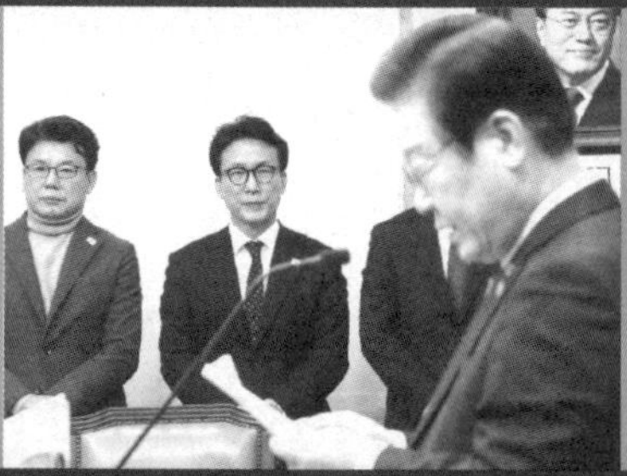
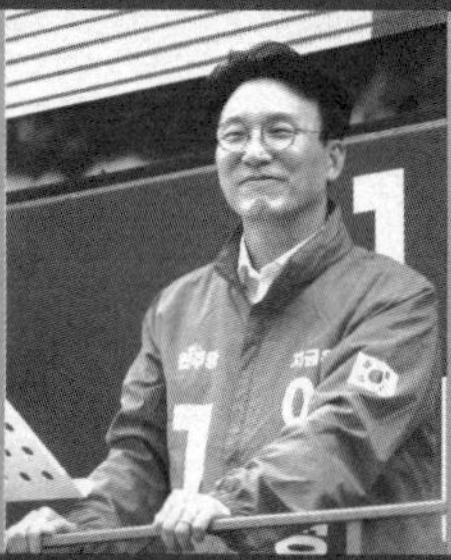
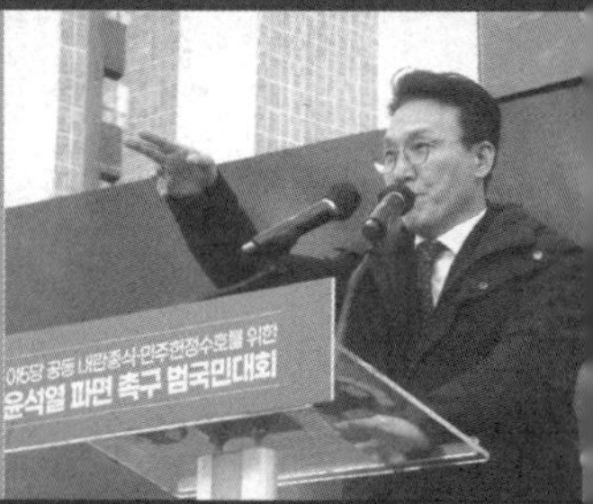
윤석열 파면 촉구 범국민대회
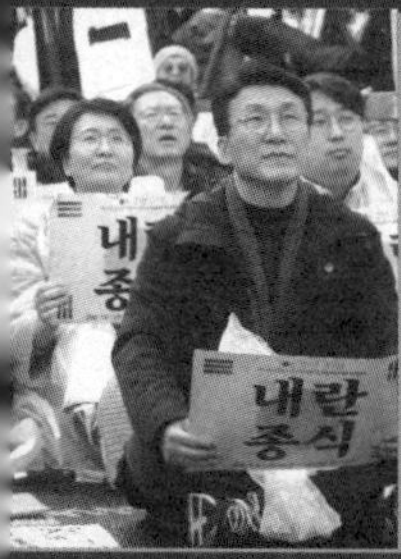
내란
종식
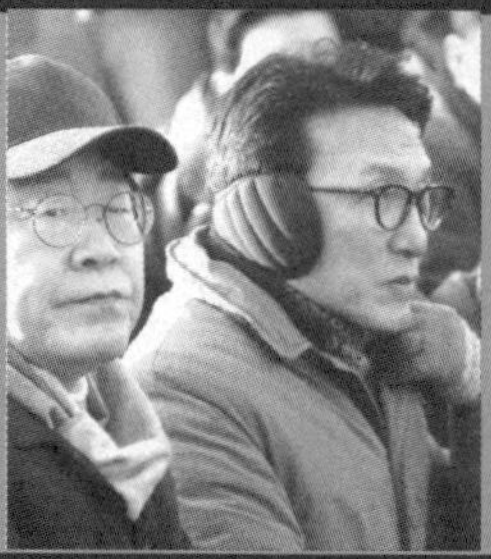
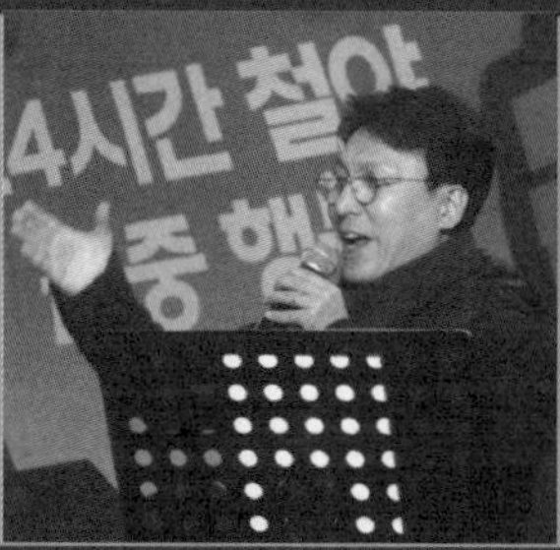
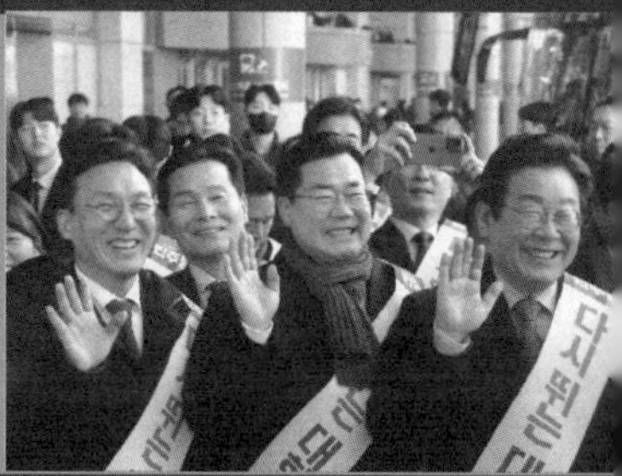
민주당
파면하라!
윤석열을
The Rise of Nations:
Pathways to Great Prosperity
김민석

다시, 민주주의